디지털 시대의 글쓰기

차례

Contents

디지털 매체의 특성

이 책의 주제는 디지털 매체를 잘 파악해 매체 특성에 맞게 글을 쓰자는 것이며, 좋은 글을 판별하는 눈 밝은 독자가 되고 좋은 글을 쓰는 믿을 만한 저자가 되려면 출처를 정확히 따져 묻는 태도가 밑바탕에 깔려 있어야 함을 명심하자는 것이다.

매체는 내용을 실어 나르는 도구다. 같은 내용이라도 단행본이라는 아날로그 매체에 실리기도 하고, 전자책이라는 디지털 매체에 실리기도 한다. 우리는 목적에 맞게 휴대전화 문자 메시지로 내용을 간략히 전달하기도 하고, 이메일로 장황하게 전달하기도 한다. 미디어 연구자 마셜 맥루언(Marshall

McLuhan)은 "미디어는 메시지다"라는 말을 남겼는데, 형식의 종류가 내용에 영향을 깊이 끼친다는 점을 강조했다. 형식은 내용만큼이나 중요하고, 매체의 특성을 분석하는 일이 그래서 필요하다.

디지털 자료는 복제가 간편하고 원본과 사본의 품질 차이가 거의 없다. 원본을 베껴 적는 필경사들의 땀과 고뇌가 구텐베르크 시대에 자취를 감추었고, 디지털 시대에는 원본을 복제하고 전파하는 일이 훨씬 쉬워졌다. 복제와 편집이 쉬운 디지털 자료는 일단 공개되고 나면 최초 작성자의 통제력이 미치는 제한된 영역을 벗어나, 생명체라도 된 것처럼 스스로 성장하고 쇠퇴하고 소멸한다.

사람과 사람 사이의 의사소통에는 도구가 끼어든다

'사건과 행위의 주체는 내용을 만드는 개인'이라고 강조하는 일반적인 이론과 달리, 사회과학 연구의 한 분야인 '행위자 네트워크 이론(Actor-Network Theory, ANT)'은 인간 행위 사이를 잇는 여러 비인간 행위자에 주목한다. '비인간 행위자'라는 용어가 지나치게 딱딱하게 느껴지면 의미 전달에 관여하는 여러 물건이나 기능이라고 이해해도 괜찮다. 좋은 제품은 사람에게 좋은 영향을 끼치고, 나쁜 기술은 사람에게 나쁜 영향을 끼칠 것이다. 좋은 의도로 만든 제품이 인간에게 꼭 좋은 영향을 끼치리라는 보장은 없다.

식품 회사 알미르(Aalmir) 프로덕츠는 1983년에 치약처럼 짜서 먹는 터블껌(Tubble Gum)을 출시해 어린이들에게 폭발적인 인기를 끌었다. 그런데 의도하지 않은 심각한 문제가 발생했다. 터블껌에 길들여진 유아들이 치약이나 연고, 접착제처럼 튜브에 담긴 것을 마구 짜 먹는 사태가 일어난 것이다. 튜브형 껌이라는 제품 형식이 만든 사람의 의도나 목적에서 벗어나 비인간 행위자가 되어 어린이들의 습관을 바꾼 것이다.

미국 작가 존 스타인벡(John Steinbeck)은 은행에 농지를 뺏겨 빈털털이 신세가 된 조드 일가가 일자리를 찾아 고향 오클라호마를 떠나 사막을 가로질러 캘리포니아로 향해 가는 생존 투쟁을 다룬 이야기인 『분노의 포도(The Grapes of Wrath)』를 썼는데, 여기서 비인간 행위자가 뒤바꾼 거대한 사회 구조의 모순을 자세히 보여주었다.

"요즘은 소작인들이 그냥 정신없이 사라지고 있수. 트랙
터 한 대면 열 가구가 쫓겨나."

－『분노의 포도』 제2장

이 대목에 나온 트랙터는 '대량생산'이라는 새 노동 방식

을 구축한 비인간 행위자다. 또 다음 대목은 자본이라는 무시무시한 비인간 행위자가 농촌 풍경을 어떻게 뒤바꾸었는지 보여준다.

소작인들이 소리쳤다. "이건 우리 땅입니다. 여기서 태어나 여기서 죽었어요. 여기서 태어나 여기서 일하고 여기서 죽으니까 우리 땅이에요. 땅의 주인입니다. 숫자가 적힌 서류로 주인이 되는 게 아니란 말입니다." 지주의 대리인이 소리쳤다. "이건 우리가 아니라 은행이 시킨 겁니다. 은행은 사람하고 달라요. 괴물입니다. 은행은 사람보다 더 강해요. 사람이 은행을 만들었지만 은행을 통제하지는 못합니다."
— 『분노의 포도』 제5장

농작물은 심기도 전에 거래되었다. 흉작, 가뭄, 홍수도 이제는 사람이 죽고 사는 문제가 아니라 금전적인 손실을 뜻할 뿐이었다. 애정은 돈 때문에 식어 갔고, 사나움도 이해 타산 속에서 사라져 이제 그들은 농부가 아니라 농작물을 파는 장사꾼, 물건을 만들기도 전에 팔아야 하는 소규모 제조업자가 되었다. 지주들은 서류로 농사를 지었다.
— 『분노의 포도』 제19장

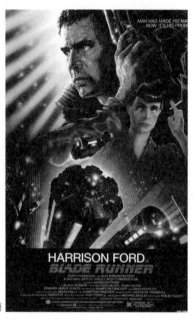

영화 〈블레이드 러너〉의 포스터

　리들리 스콧(Ridley Scott)이 연출한 SF 영화 〈블레이드 러너(Blade Runner)〉는 인간보다 더 인간다운 기계인 사이보그와 기계보다 더 기계 같은 인간인 사이보그 사냥꾼의 이야기를 다루었다. 사이보그는 자신의 수명(제품연한)을 연장하기 위해 인간과 투쟁하고, 인간은 그런 사이보그를 없애려고 혈안이 된다. 『분노의 포도』와 〈블레이드 러너〉는 인간이 창조한 경제 시스템과 기계가 도리어 인류를 위협하는 비인간 행위자의 드라마다. 비인간 행위자를 잘 설명한 다른 글을 보자.

화약과 대포 같은 기술은 중세에서 근대로 넘어가는 시기에 매우 주요한 역할을 했습니다. 기술에 의해 생겨난 여러 가지 제도적 장치와 사회적 관계 등이 바뀌면 사람들은 그것에 적응하면서 살아가는 방식도 바꾸게 됩니다. 넓게 보면 정신적 세계가 바뀐 것입니다. 사람들은 르네상스라고 하면 레오나르도 다빈치나 미켈란젤로를 떠올리며 그것의 예술적 성과들을 유심히 봅니다. 그것들이 무의미한 것은 아닙니다만, 먼저 '화약과 대포의 발명'을 떠올려야 합니다.

– 강유원, 『역사 고전 강의』, 218쪽

신식 화약과 신식 대포 기술이 보급되면서 군대 형태가 바뀌었고, 군대의 변화는 유럽의 국가 형태를 영주가 중심이 되던 지방 분권에서 왕이 중심이 되는 중앙 집권제로 바꾸었다. 신식 대포를 장착한 유럽 열강의 철선 앞에 무기력하게 굴복한 아메리카와 아시아의 사례를 보면 비인간 행위자가 사회를 어떻게 바꾸었는지 짐작할 수 있다.

'종교개혁'이라는 역사를 잘 이해하려면 인간 행위자인 개혁가 루터뿐 아니라 비인간 행위자인 인쇄술 보급도 반드시 살펴야 한다. 구텐베르크 인쇄술이 없었다면 종교개혁이라는 파도가 전 유럽을 휩쓸지도 못했을 것이다. 인쇄술이라는 비인간 행위자는 인쇄기, 금속활자, 종이, 잉크 같은 비인간 행위자들의 복합체로서 15세기 이래 강력한 네트워크를 구축해 인간 사회에 큰 영향을 끼쳤다.

일을 하거나 다른 사람과 관계를 맺는 인간 행위자와 마찬가지로, 비인간 행위자는 다른 사람을 통제하거나 영향을 끼친다. 모스 전신기, 전화, 텔레비전, 팩시밀리, 인터넷, 이메일, 스마트폰 등이 모두 비인간 행위자다. 디지털 매체로 의사소통을 하려면 흔히 '인터페이스'라고 부르는 방식으로 여러 비인간 행위자와 접촉해야 한다. 모니터 전원 스위치를 '눌러' 켜야 하고, 글자를 '눌러' 입력하거나 음성으로 '불러' 입력해야 한다. 우리는 컴퓨터나 모바일 기기, 입력 화면, 출력 화면, 응용 프로그램(익스플로러, 사파리, 아래한글, MS워드 등), 메뉴(즐겨찾기, 공유하기, 저장하기, 리트윗, 좋아요 등), 문자, 이모티콘, 도표, 사진, 동화상, 자동 음성 안내, 링크 등 수없는 비인간 행위자를 활용한다. 트위터(Twitter)를 사용하는 어떤 이가 한 트위터의 첫 화면에서 구독자가 10만 명이나 된다는 점을 보고 그 트위터를 구독한다면 그건 일단 운영자인 인간과 별개인 비인간 행위자, 즉 '팔로워(Followers)' 항목의 행위 능력 때문이다. 물론 운영자의 인격이나 수록된 자료의 질이 구독자 수에 영향을 미쳤겠지만, 저 방문자가 구독자의 수를 보고 '팔로잉'을 누른 행위는 인간 행위자의 신뢰도와 상관없다.

네트워크 – 물건이나 기술의 영향력이 미치는 범위

금속활자를 인류 최초로 고안한 곳은 고려인데, 왜 사람들은 구텐베르크 인쇄술을 더 많이 기억할까? 무슬림이 처음으로 증기기관을 고안하고, 영국의 토머스 뉴커먼(Thomas Newcomen)이 현대적으로 개량했음에도 왜 역사는 제임스 와트(James Watt)에게 더 많은 지면을 할애할까? 스마트폰은 2000년대 이전에 이미 개발된 기술인데 왜 서서히 보급되지 않고 10년이 더 지나서 갑자기 상용화되었을까? 열쇠는 바로 '네트워크 접근성'이다. 아무리 뛰어난 기술이나 제품도 사용자 네트워크를 구축하지 못하면 위력을 발휘하지 못한다. 여러 면에서 전기냉장고보다 뛰어난 제품인 가스냉장고가 기술사에서 잠시 얼굴만 비췄다가 사라진 것도 마찬가지다. 막강한 자본력을 지닌 전기회사 때문에 가스냉장고를 위한 네트워크는 전혀 구축되지 못했다. 가스냉장고는 유명무실한 비인간 행위자였다.

우리가 또 주의를 기울여야 할 대상은 겉으로 잘 드러나지 않는 비인간 행위자다. 이산화탄소는 그저 대기의 한 성분에 불과했으나, 지구 온난화 문제가 인류의 주된 관심사로 떠올라 '교토 의정서'를 비롯해 기후 변화에 대한 국제 협약이 체결되면서 한 국가의 경제 정책을 움직이는 주목할 만한 비인간 행위자가 되었다.

디지털 기기나 인터넷 서비스로 예를 들어 보자. '디스플레이 장치'라는 비인간 행위자는 현대인의 자료 검토 방식을 '읽기'에서 '보기'로, 그리고 '보기'에서 '훑기'로 변화시켰으며, 그러한 변화는 140자 입력 제한을 둔 트위터의 인기로 확인되었다. 포털 사이트 첫 화면의 뉴스 영역도 중요한 비인간 행위자다. 좋고 나쁨을 떠나 뉴스 구독 경로를 일원화에 가깝도록 단순하게 만들었고, 뉴스를 오락거리의 일종으로 바꾸는 일대 변화를 이루었기 때문이다. 초창기 네이버 블로그의 '스크랩' 아이콘도 기존 네트워크를 변화시킨 비인간 행위자였다. 남의 자료를 통째로 간단히 가져올 수 있는 기능을 기본설정 메뉴에 넣음으로써, 출처 표기를 생략하거나 무시해도 아무 거리낌이 없는 분위기를 만드는 데 크게 기여했기 때문이다. '스크랩'이라는 비인간 행위자가 없던 상황에서는 귀찮더라도 사용자가 일일이 '퍼 날라야' 했다.

비인간 행위자로서 디지털 매체는 복제와 편집을 손쉽게 할 수 있는 장점을 지녔지만, 느슨한 네트워크 안에 있을 때는 사람들에게 별다른 영향을 끼치지 않는다. 내용을 충실하게 채워 잘 만든 웹사이트가 디지털 역사 속으로 사라지는 경우가 잦은 것도 그 때문이다. 그럼 끈끈하고 강력한 네트워크는 어떻게 구축되는가? 디지털 시대 이전에도 네트워크는 여러 형태로 존재했다. 다만 강하게 연결돼 있거나 약하게 연결돼 있거나 할 뿐이다. 전파되는 속도만 가지고 네트워크가 강하게 연결돼 있다고 말하기도 어렵다. 강하게 연결돼 있던 네트워크가 갑자기 사라질 수도 있고, 느슨하게 연결된 네트워크가 오래 세월 명맥을 유지할 수도 있기 때문이다. 아날로그 시대로 잠시 들어가 보자.

한글학자 외솔 최현배는 일제 강점기에 조선어 사전을 만들기 위해 자료를 수집하는 여러 방법을 궁리했는데, 그중 하나가 1936년 발간한 『시골말 캐기 잡책』이다. 방언 채집 수첩인 이 작은 책은 전국의 학생들에게 유료로 배포되었다. 이 수첩을 자발적으로 산 학생들은 누가 시키지도 않았는데 지역 말을 열심히 조사하고 기록했다. 이렇게 각지에서 채집된 어휘는 조선어 사전을 풍부하게 하는 밑거름이 되었다. 전국의 학생들을 움직이게 한 원동력은 사적인 이익 따위가 아니라 조선어 사전 편찬에 직접 참여하고 있다는 자부심이었다. 가치 있는 일에 동참한다는 마음은 때로 입소문이라는 이름으로 여러 분절점을 거쳐 네트워크 구석구석 퍼진다. 결국 사용자의 자부심이 네트워크를 끈끈하게 구축한 것이다.

디지털 매체의 특성을 파악하는 일은, 그 디지털 매체가 영향력을 발휘하는 네트워크의 위력을 파악하는 일이나 다름없다. 흔히 디지털 매체는 휘발성이 강하다고 이야기하는

데, 엄밀히 말하면 비인간 행위자가 구축한 네트워크의 휘발성을 강조한 말이다. 확 불이 붙었다가 확 꺼지는 현상이 오프라인 네트워크보다 온라인 네트워크에서 훨씬 자주 일어나기 때문이다.

미국 펜실베니아 대학의 교수 조나 버거(Jonah Berger)는 여러 사례를 분석해 인터넷에서 나쁜 소식보다 좋은 소식이 빨리 퍼진다는 점을 주장했는데, 좋고 나쁨을 떠나 이야깃거리가 될 만한 것은 무엇이든 빨리 퍼진다. 『시골말 캐기 잡책』이라는 매체가 형성한 네트워크의 사용자들이 지녔던 자부심을 상기하며 조나 버거의 주장을 해석하자면 좋은 소식은 대개 출처가 분명하기 때문에 네트워크를 오래 유지하지만, 나쁜 소식은 출처가 분명하지 않거나 왜곡된 것일 확률이 높기 때문에 일시적으로 강하게 네트워크를 만들었더라도 금세 연결이 끊어지기 쉽다는 말이다.

네트워크의 파급력은 언제든 현실로 바뀔 수 있는 가능성이다. 착한 비인간 행위자와 못된 비인간 행위자가 따로 있는 게 아니라서 그 가능성은 올바른 방향으로 실현될 수도 있고 다른 모습으로 나타날 수도 있다. 일일 방문자가 10명인 블로그에 실린 글도 언제든 조회 수 10만 회를 기록할 수 있다. 팝 아트 작가 앤디 워홀(Andy Warhol)은 "누구나 미래에는 15분간 유명해질 것"이라는 말을 남겼다. 명성의 덧없음을 표현한 말이기도 한 이 문장을 나는 이렇게 달리 해석해 본다. "의도와 상관없이 당신이 오래 전에 올린 어떤 자료가 15분 간 인터넷 검색어 1위에 올라 수많은 사람들이 읽는다면 당신은 과연 감당할 수 있을까?"

당신은 비인간 행위자가 저지르는 엄청난 일, 즉 당신이 쓴 글 한 편 때문에 네트워크가 폭발적으로 확장하는 사태를 담담하게 지켜볼 자신이 있는가? 나는 두렵다. 어떻게 그 두려움에서 자유로울 수 있을까? 정답을 확정하기는 어렵지만, 해답의 실마리를 찾는 건 어렵지 않다. 열쇠는 디지털 매체의 사용자에게 있기 때문이다.

디지털 매체의 사용자

비인간 행위자가 스스로 행위 능력을 발휘한다 해도 디지털 매체의 사용자가 적극적으로 관여하면 그 가능성은 축소될 것이다. 계간 「액트온(ActOn)」은 창간 특집으로 "비밀은 보관하지 않는 것이 보호하는 것이다"라는 기사를 실었다. 인터넷 공간의 사생활 침해 문제를 근본적으로 해결하려면 '보안장치'와 '암호기술'이라는 비인간 행위자를 개발하는 일에 몰두하기보다 애초에 보안장치가 필요 없게 만드는 인간 행위자의 발상 전환과 신중한 선택이 더 중요하다는 것이다.

민방위 교육장에서 교통안전 교육을 맡은 강사가 물었다. "여러분, 경사진 곳에 차를 세우면서 사이드 브레이크만 채

우고 내린 운전자는 무엇을 잘못한 겁니까?" 핸들을 한쪽으로 잔뜩 돌려놓고 내려서 돌이나 나무 조각을 타이어 밑에 대놓아야 한다는 의견이 들렸다. 강사가 다시 말했다. "경사로에 주차한 게 잘못입니다." 문제가 될 만한 조건을 아예 만들지 말자는 것이다.

공리주의 철학자 제레미 벤담(Jeremy Bentham)은 효율적인 사회통제체계의 일환으로 파놉티콘(Panopticon, 한눈에 모두 본다는 뜻)을 고안했다. 원형 건축물인 이 감옥의 중앙 망루에서는 수용실을 한눈에 볼 수 있다. 중앙탑에서 밝게 조명을 비추기 때문에 어두운 곳에 있는 수감자들은 감독관들의 모

파놉티콘

습이 보이지 않는다. 감독관이 자리를 비우더라도 이 사실을 확인할 수 없는 수감자들은 감독관이 있다고 여겨 함부로 행동할 수 없으므로 감독관이 실제 자리에 있는 것 같은 효과를 낸다. 자신을 드러내지 않는 감독관은 유령처럼 군림한다. 탈출이나 폭동이 힘들다는 걸 깨달은 수감자들은 자신의 처지에 순응하며, 이런 습관은 점차 기계적인 복종으로 연결된다.

고속도로 무인 속도 측정기는 파놉티콘의 응용 사례다. 측정기의 상당수는 진짜 제품과 겉모양만 같고 안은 텅 빈 가짜인데 파놉티콘의 감시 원리가 적용되어 진짜 측정기처럼 제 역할을 수행한다. 법정 속도를 초과해 운전하던 사람들은 무인 속도 측정기를 발견하고 속도를 줄인다. 진짜인지 가짜인지, 작동하는지 작동하지 않는지 알 길이 없으므로 벌금을 내지 않으려면 일단 속도를 줄이고 보아야 한다. 파놉티콘의 감시 원리는 정보화 혁명과 더불어 여러 형태로 실현되고 있다. 디지털 매체와 떼놓고 생각할 수 없는 인터넷은 거대한 파놉티콘과 같다.

블로그나 SNS에 어떤 이를 욕했다가 다음날 지웠다고 해보자. 과연 기록은 깔끔하게 삭제되었을까? 화면에서는 삭제되었다고 나오지만 시스템에서 삭제됐는지는 알 길이 없다. 가령 작성자가 원본 자료를 삭제해도 검색 엔진의 미리보기 항목에는 노출될 수 있다. 미디어 비평가 셰리 터클(Sherry Turkle)은 이렇게 말한다. "사람들이 인터넷상에서 '삭제하다'와 '지우다'란 단어들이 은유에 지나지 않음을 이해하기 시작하는 데 한 세대가 걸렸다. 파일, 사진, 메일, 검색 내역은 그저 눈앞에서만 제거된다(월간 「인물과 사상」 2013년 4월호. 49쪽)." 설사 시스템에서 삭제되었다 해도 화면을 갈무리해 두고 컴퓨터에 저장해 두거나 다른 이에게 전달한 사람이 있을지 모른다. 파놉티콘처럼 누가 언제 어떤 경로로 자기 글을 읽을지 알 수 없다면 문제 소지가 될 만한 것을 되도록 제거하면서 방어적으로 글을 쓰는 수밖에 없다.

능숙한 디지털 매체 활용자인 미국의 44대 대통령 버락 오바마(Barack Obama)는 청소년들에게 이렇게 조언한 적 있다.

"철부지 시절에 인터넷에 함부로 글이나 자료를 올렸다가 나중에 후회하는 어른들이 많아요. 여러분이 지금 페이스북에 올리는 글과 사진은 사회생활을 시작하고 직장을 구하려 할 때 여러분의 발목을 잡을지도 모릅니다."

    - The Telegraph, "Barack Obama warns US teenagers of the dangers of Facebook"

디지털 매체에 아예 글을 쓰지 말자는 말이 아니라 얼마든지 많이 써도 좋으니 책임 범위를 명확하게 규정하고 감당할 수 있는 만큼만 쓰자는 말이다. 한 트위터 사용자(@sulmana)는 그걸 이렇게 표현했다. "〈우리는〉이라고 말하던 사람이 〈나는〉이라고 말하게 되는 과정이랄까?"

정보의 홍수는 정보 통제에 실패한 사람의 일

자료를 찾으려고 인터넷에 접속했는데, 원래 찾으려 한 걸 잠시 잊고 즐겨찾기에 넣어 둔 사이트를 보거나 뉴스를 읽으면서 시간을 보낸다. 그러다 보면 받은 편지함에 새 메일이 왔다는 알림 표시가 깜빡거린다. 메일을 확인하고 답장을 보낸 다음 그 사람 SNS 계정에 가서 이것저것 살펴보며 또 시간을 보낸다. 그러다가 시들해져서 컴퓨터를 끄고 나면 그제야 아까 찾으려 한 내용이 떠오른다. 그리고 방금 한 짓을 되풀이한다. 스마트폰으로 필요한 자료만 딱 찾는 일은 훨씬 어렵다. 전화도 오고, 문자 메시지도 오고, 채팅 창도 뜨고, 새 글 알림 표시도 수시로 뜨고, 광고도 불쑥불쑥 끼어든다. 이런 환경에 자신을 방치하고서 '잘 읽고 잘 쓰겠다'는 생각을 품는다면 그건 욕심이다. 정보 주체가 되려면 정보 간섭에서 벗어나는 일이 매우 중요하다. 도구를 덜 쓰자는 뜻이 아니라 도구의 노예가 되지 말자는 뜻이다.

경제협력개발기구(OECD)는 인터넷이 대중화되기 전인 1980년에 이미 '개인정보관리에 관한 권고안(Privacy Guidelines)'을 제정해 회원국들에게 관련 법률을 만들 것을 당부했다. 주요 내용은 다음과 같다.

> 정보 수집은 원칙적으로 제한되어야 한다.
>
> 수집하는 정보는 정확해야 한다.
>
> 정보 활용에 관한 명확한 목적이 있어야 한다.
>
> 정보가 다른 목적으로 전용되어서는 안 된다.
>
> 정보는 적절한 안전장치로 보호되어야 한다.
>
> 정보 처리 과정은 일반에 공개되어야 한다.
>
> 정보 주체에게는 자신의 정보 소재를 확인, 파기, 정정할
> 권리가 있다.

마지막 항목이 다른 항목을 포괄하여 설명하는데, 이를 '자기 정보 통제권'이라 한다. 정보 통제의 주체는 개인이다. 주변에 휘둘려서는 안 된다. 네덜란드의 심리학자 로이 바우마이스터(Roy Baumeister)가 설명한 '자기 통제'란 이렇다. 자기 통제를 잘 하는 사람들은 의지력이 뛰어나다기보다 자기통제 상황을 아예 안 만드는 사람이다. 담배를 끊는 데는 커다란 의지력이 필요할 텐데 자기 통제를 잘 하는 사람들은 나중에

문제를 일으킬지도 모를 담배를 아예 가까이 하지 않는다는 것이다. 너만 알고 있으라며 카카오톡으로 상대에게 문자 기록을 보내는 순간, 메시지는 인간 행위자의 통제를 벗어나 비인간 행위자인 SNS와 인터넷 네트워크의 소관으로 내맡겨지고, 그 비밀은 모든 인터넷 사용자의 먹잇감이 될 것이다. 디지털 세상에 완벽하게 사적인 비밀 공간은 없기 때문이다. 넘쳐 나는 광고 메일이나 문자 메시지 때문에 스트레스를 받고 있다면, 평소 정보 통제 습관을 돌아볼 필요가 있다. 문제가 될 만한 소지를 미연에 없애는 건 정보 간섭을 피하는 좋은 방법이다. 불을 끄는 쉬운 방법이 뭔지 고민하기에 앞서 어떻게 하면 쉽게 불을 안 낼지 고민하자는 말이다.

네트워크 혁신 – 사용자가 의무 통과점을 바꾼다

행위자 네트워크 이론의 개념 중에 '의무 통과점'이란 게 있다. 비인간 행위자가 네트워크에서 기능을 발휘하려면 이 절차를 반드시 거쳐야 한다. 인터넷 매개 의사소통에서 의무 통과점은 어떤 게 있을까? 예를 들어, 어떤 웹 서비스를 사용하기 전에 반드시 회원으로 가입해야 한다면 회원 가입 절차가 의무 통과점이다. 회원 가입 화면에 주민번호나 휴대전화 번호를 필수 항목으로 기입해야 한다면 그것도 의무 통과점이다. 이메일을 확인하려면 의무 통과점인 '로그인'이라는 인증 절차가 필요하다. 의무 통과점은 좋고 나쁨의 기준과 무관하지만, 보편적인 기준과 동떨어지면 사용자 일부에게 커다란 반발을 유발하기 쉽다. 예를 들어, 대한민국 전자정부에서 민원서류를 출력하려면 '익스플로러(Explorer)' 브라우저와 '액티브(Active)X'라는 의무 통과점을 거쳐야 한다. 파이어폭스(Firefox)나 사파리(Safari) 브라우저를 사용해서는 그 의무 통과점을 지날 수 없다. 교육전산망인 NEIS(National Education Information System), 종합소득세 신고 프로그램인 홈택스(Hometax), 그리고 대다수 인터넷 뱅킹을 사용하려면 사용자는 '공인인증서'라는 의무 통과점을 지나야 한다. 웹 접근성을 높이자는 취지로 '오픈웹(Open Web) 운동'을 펼치는 고려대 법대 교수 김기창은 이 공인인증서 의무화 방식을 '보안 코스프레'라고 부른다. 정작 보안 기능은 없으면서 그 사실을 감추느라 기술 지식이 부족한 일반 사용차에게 '가짜 의무 통과점'을 거치라고 강요하기 때문이다.

의무 통과점이 잘못 설정되면 여러 다른 오류가 생기기도 쉽다. 만나야 할 사람이 고양시 식사동 자이 아파트에 사는데, 자동차로 찾아가야 할 일이 생겼다고 가정하자. 그러면 길 찾기 프로그램을 실행해 '자이'라고 검색하면 된다. '자이'라는 이름이 들어간 곳이 전국에 무수히 많을 테니 검색 반경을 고양시로 설정해 나오는 자이 아파트 중에 식사동에 있는 것을 택하거나, 아예 검색 반경을 고양시 식사동으로 설정해 찾으면 될 것이다. 그런데 내가 쓰는 제품에는 그런 항목이 없다. '고양시 전체'에서 찾는 항목이 없고 '식사동'을 바로 택하지도 못한다. 반드시 '고양시 일산동구' '고양시 일산서구' '고양시 덕양구' 중에 하나를 골라야 검색 화면이 나온다. 의무 통과점의 나쁜 예에 해당한다. 이렇게 동 이름까지 정확히 아는데도 구 이름을 몰라서 검색 기능을 쓸 수 없는 오류에 빠진다.

공인인증서라든지 액티브X 같은 기술은 어떤 경우든 의무 통과점으로는 부적합하므로, 적어도 인터넷 사용자의 선택에 따라 써도 되고 쓰지 않아도 되는 절차로 전환해야 한다. 인터넷 쇼핑몰에 '비회원으로 주문하기' 항목이 있듯 말이다. 그건 오로지 디지털 매체 사용자의 가치관과 판단에 달렸다. 리트로 카메라(Lytro camera)는 '초점 맞추기'라는 사진 촬영의 의무 통과점을 없앴다. 선명한 사진을 얻으려면 누구나 초점을 먼저 맞추고 촬영을 해야 하는데, 이 고정 관념을 깼다. 대충 찍고 나서 나중에 필요할 때 초점을 선택하는 방식으로 혁신을 이루었다.

모든 글에는 '번역'이라는 의무 통과점이 있다. 번역은 외국어 번역만 가리키는 게 아니라 남의 말을 자기 방식으로 이해하는 모든 과정을 가리킨다. 조금 더 치밀하게 규정하자면, 번역이란 출발어와 도착어의 격을 같게 만들어 정보 발신자와 정보 수신자 사이의 의사소통을 오해 없이 완수하는 일이다. 한 사람의 표현과 다른 사람의 이해 사이에 반드시 번역 과정이 들어간다. 우리가 디지털 기기를 매개로 원활하게 의사소통을 하려면 번역 과정의 의무 통과점을 잘 설정하면 된다. 번역 과정에 필요한 두 가지 의무 통과점은 '출발어의 맥락을 파악하는 일'과 '도착어의 맥락을 파악하는 일'이다. 의사소통을 성공적으로 완수하려면 첫째, 내용의 출처를 제대로 확인하고, 둘째, 독자 상황에 맞게 그 내용을 다듬어 보내야 한다. 가령, 정보 수신자가 사용하는 휴대전화의 종류를 고려하지 않고, 당연히 스마트폰을 쓰겠거니 대충 짐작해 자기 스마트폰에 저장된 고해상도 사진이나 동영상을 첨부해 보낸다면 의무 통과점을 지나지 않고 의사소통을 시도하는 격이다.

그럼 제대로 번역하려면 어떻게 해야 할까? 같이 공부하는 선배가 동생이 쓰던 중고 노트북 컴퓨터를 사려고 한다면서 내게 값을 얼마나 치르면 적당할지 알아봐 달라고 부탁했다. 그러면서 동생이 보낸 문자 메시지를 보고 제품 규격을 알려주었다. 〈하드 750에 2그램〉 내가 수신한 이 정보를 컴퓨터 정보에 밝은 다른 친구에게 송신한다고 생각하고 번역을 해보자. 글자 그대로 받아들일 게 아니라 컴퓨터 제품 규격이라는 출발어의 맥락을 살피면 '2그램'은 '2기가바이트'를 잘못 읽은 거라는 걸 알 수 있다. 선배의 동생은 문자 메시지에 〈하드 750, 2g〉이라고 간략히 적어 보냈을 것이다. 이제 도착어의 맥락을 보자. 컴퓨터 전문가인 친구가 내가 보낸 정보를 가지고 중고 시세를 충분히 판단할 수 있을까? 적어도 화면 크기와 브랜드는 알아야 대강이라도 가격을 산출할 수 있을 것이다. 그럼 선배에게 되물어 '2012년에 구매한 15인치 HP 제품'이라는 추가 정보를 얻은 다음 친구에게 전달하면 된다. 이렇게 두 의무 통과점을 거쳐 의사소통을 시도하면 오해 소지는 줄어들고, 이해 가능성은 커질 것이다.

간간하게 따지자면 번역 과정에서 출발어 맥락 파악이 도착어 맥락 파악보다 더 중요한 의무 통과점이다. 원정보가 충실해야 이해도 쉽고, 적절한 해석도 나오기 때문이다. 출발어 맥락을 파악하는 일은 정보 출처를 제대로 확인하는 일이며, 이 책에서 내가 줄곧 주장하는 바가 바로 이것이다. 읽기와 쓰기에 관여하는 비인간 행위자의 기능도 의무 통과점인 출처 확인에 중심에 두고 다시 규정되어야 한다. 그러면 디지털 문서의 신뢰도를 전반적으로 높이는 데 비인간 행위자가 어떤 역할을 할 수 있을지 가늠하기가 훨씬 쉬울 것이다.

빨리 전달하기보다 제대로 전달하자

윌리엄 깁슨(William Gibson)의 소설 『뉴로맨서(Neuromancer)』에 등장한 용어인 '사이버 스페이스(Cyberspace)'는 한동안 인터넷을 가리키는 다른 이름이었다. 그렇지만 곧 인터넷은 가상 공간이 아닌 현실 세계의 연장이라는 사실이 드러났다. 현실의 시공간을 압축하거나 확장하기도 하므로, 네트워크에서 저자와 독자 사이에 존재하는 이해의 영역 역시 고무줄처럼 줄어들기도 하고 늘어나기도 한다. 집중하여 읽지 않으면 인터넷 자료 읽기는 겉핥기가 되기 쉽고, 인터넷 글쓰기는 자료의 단순한 모음이나 감정의 무절제한 분출이 되기 쉽다. 특정 독자를 염두에 두고 쓰는 글보다는 불특정 다수를 향해 쓰는 글이 훨씬 많기 때문에, 자칫 정보 발신자와 정보 수신자 사이에 '오해'라는 깊은 골이 생긴다. 아날로그 매체에 비해 반응이 훨씬 즉각적인 디지털 읽기쓰기 환경에서 인터넷 사용자들은, 정작 자신은 남의 글을 대강 읽으면서 자기 글은 작은 뉘앙스까지 꼼꼼하게 읽히기를 바란다. 그러니 한 번 더 읽고 한 번 더 생각하고 쓰는 신중함 외에 이 모순을 해소할 방법은 딱히 없다.

제대로 확인하고 제대로 표현해 두 의무 통과점을 잘 통과한 정보는 번역 과정을 충실히 이행할 것이다. 조금 더 참으면서 더 정확하게 전달하고자 노력하면 디지털 읽기쓰기 환경은 더 믿을 만하게 바뀔 것이다. 정치학자 버나드 크리크(Bernard Crick)의 저서 『데모크라시(Democracy)』 서문에 이런 내용이 있다.

'민주주의'라는 말에는 여러 의미가 담겨 있으나 아쉽게도 우리는 그 참된 뜻을 여전히 알지 못한다. 그러나 분명한 것은 우리가 민주주의 없이는 살아갈 수 없다는 점이다.

민주주의가 들어갈 자리에 디지털 매체나 인터넷을 넣어도 뜻이 잘 통한다. 미디어 비평가 데이비드 와인버거(David Weinberger)는 저서 『인터넷은 휴머니즘이다』에 이렇게 적었다.

인터넷은 태생적으로 불완전하다. 그 불완전함 때문에 완전함에 점점 더 가까워진다.

민주주의와 디지털 매체는 무척 닮았다. 둘 다 불완전하지만 현대인에게 그만한 혜택을 주는 것도 없다. 세상을 바꾸려는 야망을 품기보다 자기 통제 영역에 있는 SNS와 블로그, 웹사이트의 자료를 갱신하고 수정하자. 문서의 신뢰를 높이자. 그러면 네트워크 구석구석에 새로운 빛이 퍼질 것이다.

디지털 매체와 인문교양

정보 출처를 정확히 파악했다면 기본을 갖춘 셈이지만, 그것으로도 충분하진 않다. 좋은 자료를 글쓰기의 근거로 삼아야 한다. 그러려면 방대한 디지털 자료 중에 어떤 것이 질 높은 정보인지 판별하는 안목을 길러야 한다. 플라톤의 『국가(政體·Politeia)』 3권에 이런 대목이 나온다.

> 마땅히 받아야 할 교육을 받은 이는 훌륭하지 못한 것
> 을 민감하게 알아보며 '옳게 싫어할 줄' 안다.

올바로 싫어할 줄 안다는 건 나쁜 정보가 왜 나쁜 건지 가려낼 수 있다는 뜻이다. 낡았지만 여전히 유효한 비유인 '정보의 바다'에서 표류하지 않고 목적지까지 잘 가려면 훌륭

한 것과 그렇지 않은 것을 걸러낼 수 있는 안목이 필요하다. 이때 인문교양이 그 안목을 길러준다. 자연과학이나 실용지식이 우리 눈앞에 펼쳐진 '사실' 세계를 주로 다룬다면, 인문교양은 펼쳐져야 할 '가치' 영역을 주로 다룬다. 가치(價値)란 사실이나 현상을 보고 인간이 '좋다/나쁘다' '아름답다/추하다' '진짜/가짜' 같은 판단을 내릴 때 기준이 되는 개념을 가리킨다. 그런 판단 기준을 포괄해 '가치관'이라고 부른다.

'인문교양'이란 인류라는 공동체의 일원으로서 앞선 시대의 사람들이 오랫동안 고민했던 인간 정신의 보편 문제를 함께 궁리해 보고, 그런 문제의식과 주제가 담긴 저작물을 읽으며 현실에 비추어 보려는 태도를 두루 일컫는 말이다. 인문교양을 쌓는 일은 인간이 홀로 살아가는 존재가 아니라 다른 이들과 함께 살아갈 수밖에 없는 존재임을 매번 확인하는 일이다. 개인은 저마다 다르지만 인류라는 범주(範疇)로 보면 대개 비슷하다. '범주'란 상위 개념을 가리키는 용어로, 분류할 때 각 항목의 이름에 해당한다. 개인이 각기 하는 일들은 인류의 보편적 의미 연관 아래 서로 연결돼 있다. 개인은 인류일 때 가장 인간답다.

각양각색인 현상들을 잘 따져 보면 그 안에 깃든 본질은 같은 경우가 많다. 목적이나 목표가 같으면서도 방법이나 경로는 다를 수 있다. '추론'이라는 방법으로 세계를 해석하는 계몽주의적 태도와 '믿음'이라는 방법으로 세계를 해석하는 낭만주의적 태도는 인식 지평을 확장한다는 동일한 목적을 공유할 수 있다. 현실 세계를 가상이라고 본 플라톤과 현실성을 강조한 아리스토텔레스의 관점이 달랐다 해도 여전히 그 둘의 사상은 다른 부분보다 공통 영역이 훨씬 넓다. 이른바 대륙의 합리론과 영국의 경험론이 언뜻 상반된 태도로 인식 방법을 해석하는 것 같아도 진리의 원천을 신이 아닌 인간에게서 찾으려 부단히 노력했다는 점에서 둘은 한 부모에서 나온 형제나 다름없다. 데카르트(Descartes), 라이프니츠(Leibniz), 스피노자(Spinoza)는 각기 다른 철학을 전개했으나 '수학적 추론'이라는 동일한 사고의 틀을 사용했다. 더 근본적인 공통 범주를 찾으려는 노력과 더 본질적인 것을 찾으려는 태도가 정신에 깃든 것이 인문교양이다.

보편성을 찾으려면 '추상(抽象)'이 필요하다. 추상은 구체적이고 특수한 것을 보편적인 것으로 만드는 일을 가리킨다. 예를 들어, 나 '이강룡'을 추상하면 '인간'이 된다. 보름달을 추상하면 '원'이 된다. 본질을 보거나 개념을 파악하려면 추상이라는 의무 통과점을 지나야 한다. 개념(槪念)은 '자유'나 '평등'처럼 보편적으로 굳어진 생각의 덩어리를 가리키는데, 추상 과정을 거쳐야 형성되므로 '추상적 개념'이라는 말은 동어반복에 가깝다. 아기는 23개월 무렵에 추상 세계로 처음

발을 디딘다. 이때쯤 되어야 아기는 수도꼭지에서 흘러내리는 것과 대야에 담긴 것과 분수에서 뿜어져 나오는 것을 모두 '물'이라고 일컬을 수 있게 된다. 고유 명칭을 넘어서 사물이나 현상을 가리키는 보편 명칭이 있다는 사실을 알게 된 아기는 주관 세계에서 막 벗어나 객관 세계와 접촉하고 절충하는 법을 배우기 시작한다.

어떤 현상을 보고 비슷한 특성을 지닌 다른 현상과 연관 짓는 것을 유추(類推)라고 하는데, 이것도 추상의 일종이다. 추상이나 유추를 달리 표현하자면, 낯선 현상에서 친숙함을 찾아내는 일이다. 전혀 달라 보이는 두 대상이나 현상이 추상을 거치면 비슷해 보이는 경우가 많다.

과거를 현재에 비추어 미래를 보는 일

야구는 집 나가서 갖은 고생을 하다가 집에 무사히 돌아오면 수고한 대가로 1점을 얻는 경기 종목이다. 차곡차곡 1루와 2루까지 진전해도 재수가 나쁘면 더블플레이를 당하기도 하고, 운이 좋으면 집 나간 아들 넷이 환영을 받으며 한꺼번에 돌아오기도 한다.

『오즈의 마법사』는 철없는 도로시가 뇌 없는 허수아비와 심장 없는 양철 인간과 용기 없는 사자를 만나 각자 갖지 못한 걸 얻으려 에메랄드 성으로 가는 여정을 다룬 이야기다. 결국 마법사는 존재하지 않는다는 사실을 깨달았지만, 저마다 자신에게 없다고 생각했던 것들을 발견하고는 왔던 곳으로 돌아간다.

한편 영화 『스타워즈』를 나는 이렇게 해석해 보았다. 자신을 발굴하고 키워 준 회사의 처우가 기대에 못 미친다며 불평하던 재능 많은 팀장이 경쟁사의 대표이사로 명함을 바꾼 뒤, 온갖 불공정 거래와 문어발식 확장으로 시장을 교란하다가 문득 아들에게 더 이상 못난 아빠가 되어서는 안 되겠다고 대오각성한 다음, 죽음과 맞바꾸고서야 업계에서 빠져나온다는 이야기로, 주인공 아나킨 스카이워커의 파란만장한 일대기를 다루었다.

이런 비슷한 구조를 갖춘 작품은 『오뒷세이아』 이래 무수히 많다. 창작자인 호메로스가 인간사의 보편성 하나를 뚜렷이 구현해 놓았기 때문이다. 우리가 호메로스를 읽는 건 그 보편성을 읽기 위함이다. 우리는 현실 시공간에 그것을 비추어 보며 미래도 예측해 본다. 그렇게 인문교양은 축적된다.

이론으로만 검토하자면, 우리는 이념 세계로 올라가 보편 개념을 많이 파악해야 하고 동시에 현실 세계로 내려와 경험 사실도 많이 체득해야 한다. 그런데 그게 어디 그렇게 쉬운가? 인문교양을 쌓는 일은 시시포스(Sisyphus)처럼 그렇게 두 세계를 분주히 오르내려야 하는 고단한 과정이다. 우리가 그 고단함을 감수하는 건 인문교양이 선사하는 '좋음'이 워낙 크고 깊기 때문이다. 인문교양을 쌓는 일은 다른 영역에서 일어나는 현상들의 내적 연관성과 공통점을 발굴하는 일이다. 하나뿐인 지구에는 70억 명이 넘는 사람들이 살고 있고, 그 수에 해당하는 저마다 다른 세상이 존재한다. 인문교양은 그 세계들을 연결해 인간으로서 동일성을 깨닫게 한다. 그 출발점이 추상이라면 그 종착점은 상징이다.

상징(象徵)은 공동체의 관습이 만든 관념이다. 넓게 보면 공동체의 표기 약속인 기호도 상징의 일종이다. 기호가 가리키는 뜻이 뚜렷한 반면, 상징이 가리키는 바는 약간 모호하다. 가리키는 범주가 확정되어 있지 않아 그러하지만, 또 그러하기에 상징의 뜻이 더 풍부하다. 공해상에서 저쪽 선박과 신호를 주고받기 위해 흔드는 붉은 깃발은 기호이지만, 독재 정권을 무너뜨리기 위해 광장에서 시위하며 흔드는 붉은 깃발은 상징이다. 상징을 이해하는 건 따로 존재하던 세계가 자신과 연결되어 있음을 아는 일이니, 상징을 이해하는 것은 세계를 이해하는 일이다. 우리는 붉은 깃발에 함께 흥분하지만, 검은 휘장 앞에서는 숙연해진다. 이것이 무엇이냐고 묻지 말고 무엇을 상징하느냐고 묻자. 그러면 우리가 따로 읽던 문학과 역사와 철학이 한 곳에서 만날 것이며, 디지털 매체 지식과 인문교양도 조화롭게 공존할 수 있을 것이다.

사실이나 증명과 상관없고, 오히려 상반되기 십상인 예술 작품을 감상하며 울고 웃는 건 거기에 진실이 담겨 있기 때문이며, 그 진실을 전달하는 매개인 상징 덕분일 것이다. 표준어가 기호라면 시어는 상징이다. 시인은 일상 언어의 뜻을 넘어서 새로운 언어 표현을 발굴해 은유라는 상징을 만든다. 시인 윤동주에게 밤하늘의 별은 추억과 사랑과 쓸쓸함과 동경과 시와 어머니처럼 자신에게 소중한 것을 떠올리게 하는 관문이요 상징이다. 그는 별을 노래하는 심정으로 시를 썼다. 피붙이를 잃은 아비의 심정을 '물먹은 별'이라는 구절로 표현한 시인 정지용에게도 별은 지극히 소중한 존재를 가리키는 상징이다. 시인 단테(Dante)는 별을 순수와 구원의 상징으로 높이 끌어올렸다.

소설가 마이클 코넬리(Michael Connelly)는 「중앙일보」가 마련한 대담에서 작품 속에 사실을 되도록 많이 넣고자 한다고 말했다. '사실이 많으면 그 속에 허구를 감추기가 더 쉽기 때문'이다. 피카소(Pablo Picasso)는 '예술이 무엇이냐'는 사람들의 물음에 '진실을 전하는 허구'라고 답했다. 그 허구적 장치가 때로 사실보다 설득력이 있는 건 거기에 인간 보편 심성에서 나온 상징이 깃들어 있기 때문이다. 어느 한국인이 피카소의 작품 '게르니카(Guernica)'를 감상하며 노근리 사건을 떠올린다면 그 작품이 지닌 보편성 때문일 것이다.

　음악 역시 훌륭한 상징 도구다. 영화 〈어거스트 러쉬(August Rush)〉는 음악적 재능이 뛰어난 소년 에반이 친부모를 찾아가는 과정을 그리는데, 아직 서로 부자 관계인 줄 모르는 상태에서 거리에서 우연히 만난 두 사람은 흥겹게 즉흥 기타 연주를 펼친다. 헤어지기 전에 아버지가 아들에게 이렇게 말을 건넨다. "아무리 나쁜 일이 일어나도 그것을 음악 속에 담으면 이겨낼 수 있단다." 아버지 루이스와 아들 에반에게 기타 연주와 음악은 삶의 역경을 헤쳐 나가는 원동력을 뜻하는 상징이다.

　보육원 아이들에게 음악을 가르치는 비올라 연주자 리처드 용재 오닐(Richard Yongjae O'Neill)의 모습을 담은 다큐멘터리 〈안녕?! 오케스트라〉에 이런 대목이 나온다. "인생에서 역경이 닥칠 때 그것을 헤쳐 나가는 방법을 음악이 알려줄 거예요." 용재 오닐은 루이스와 같은 말을 하고 있는데, 이건 음악이 지닌 상징의 보편성 때문이다. 용재 오닐은 이렇게 덧붙였다. "음악은 규율과 법칙을 우리에게 알려 주고 연주를 마칠 때까지 중도에 포기해선 안 된다는 점도 알려 주죠. 또 결과가 늘 좋지만은 않다는 것도 가르쳐 줄 거예요." 그렇다. 실패는 성공보다 더 자주 삶의 원동력이 되며, 좋은 실패는 나쁜 성공보다 항상 좋기 때문이다.

다큐멘터리 〈안녕?! 오케스트라〉의 한 장면

　신화 연구자 조지프 캠벨(Joseph Campbell)은 신화가 거짓이
아니라 은유로 표현된 사실이라는 점을 역설했다. 그리스 신
화를 허구의 산물이라고 치부할 게 아니라, 여러 신들이 당
시 사람들의 생활 영역을 각기 상징한다고 여기면 우리는 이
작품을 더 풍부하고 생생하게 즐길 수 있다. 가령 농경의 신
은 농부들의 바람이 모두 집약된 상징이라고 이해하면 된다.
읽고 쓰는 것이 업인 나는 '성경'을 '성서'라고 번역해 읽는데,
그러면 성서를 기독교 경전이 아닌 인류의 지적인 공통 자산
으로서 향유할 수 있다. 예수가 사람들을 이해시키려 꺼냈던
비유들과 그들에게 펼쳐 보인 기적과 부활에 과학적 범주나

객관적 잣대를 들이댈 게 아니라 그것이 인간에게 일어날 수 있는 일이나 정신의 보편성을 상징한다고 간주하면 이 저작물을 훨씬 풍부하게 향유할 수 있다.

인문교양 영역에서 자주 등장하는 용어인 가치, 개념, 범주, 추상, 유추, 상징에 관해 대강 살펴보았다. 한마디로 인문교양은 변치 않는 것을 찾아보려고 오래 묵은 것을 다시 들춰보는 일이다. 그런 태도를 반성(反省) 또는 성찰(省察)이라고 한다. 건축가 정기용의 이야기를 다룬 다큐멘터리 〈말하는 건축가〉에 인문교양을 잘 드러내는 대목이 나온다. "내가 하려는 건축은 없는 것을 만들어 내는 건축이 아니라 기존의 것을 개선하려는 건축이다" "시간을 흘려보내는 집이 아니라 시간이 머무는 집을 만들고 싶었다" 헌집을 무조건 부수고 새로 짓는 것이 능사가 아니라 사람들의 추억과 세월을 고스란히 보존하려고 노력하는 게 건축가의 참된 자세라는 말이다.

디지털 매체는 최신 기술과 수시로 갱신되는 역동적인 자료를 실어 나른다. 인문교양의 영역과 디지털 매체의 네트워크가 얽히고설켜 하나처럼 연결되면 좋은 글쓰기 태도가 사용자에게 자연스럽게 스며들 것이다. 그런 상태를 '온고지신(溫故知新)'이라고 불러도 무방하리라. 인문교양은 디지털 매체 사용자로 하여금 좋음에 대한 기준을 갖추도록 한다. 좋음에 대한 규정은 사람마다 다를 수 있지만, 인문교양을 쌓고자 하는 이는 개인의 좋음을 넘어서 공동체의 좋음, 세계의 보편적인 좋음에 대해 늘 궁리할 것이며, 사적인 이익보다 공적인 이익에 더 부합하게끔 의무 통과점을 기획하고 만들기 위해 노력할 것이다.

정보를 지식으로 바꾸기

　니콜라스 카(Nicholas G. Carr)가 쓴 『생각하지 않는 사람들(The Shallows)』 109쪽에는 스페인의 극작가 로페 데 베가(Lope de Vega)가 1612년에 한 말이 인용되어 있다. "책이 너무 많아 엄청난 혼란 가운데 있다! 사방이 출판의 바다로 가득 차 있고, 바다의 대부분은 거품으로 덮여 있다."

　400년이 더 지난 지금 우리도 똑같은 걸 느낀다. 수많은 디지털 자료 중에서 근거가 뚜렷하고 질도 높은 자료는 극히 일부다. 자료는 어떤 이에게는 정보가 되지만, 어떤 이에게는 의미 없는 더미에 불과하다. 인터넷 기사를 인쇄해 두면 자료지만, 추려 내고 밑줄을 긋고 갈무리해 두면 정보가 된다. 검색해서 찾아낸 유용한 정보 모음을 체계적으로 정리하고 충분히 이해하면 지식으로 발전하며, 이 지식에 구체적 경험과 시간이 더해지면 지혜가 깃들 것이다. 지혜가 스며든 지식은, 아직 진리는 아닐지라도 적어도 그와 동류인 앎일 것이다.

자료 → 정보 → 지식 → 지혜 → 진리

비망록, 즉 메모는 자료와 정보 사이에 놓인 연결로다. 메모로 잘 정리해 두면 자료는 정보가 되고, 그 정보를 이해하고 보완하면 지식으로 발전한다. 메모 형식이 따로 있는 건 아니지만 다음의 원칙 하나는 되도록 지키려 노력하는 게 좋다.

> 취합한 정보를 원 출처와 맥락에 충실하게
> 구체적으로 다듬자.

수정사항을 원본에 반영하기 쉽다는 건 아날로그 매체가 지니기 어려운 디지털 문서의 강점이다. 이 점을 적극적으로 활용하자. 아래 1번 메모가 2, 3번을 거쳐 4번으로 보완되는 과정을 비교해 보라.

1) 『모비딕』에 나오는 다양한 인물들

2) 『모비딕』에는 스타벅, 스터브, 플래스크 같은 다양한 인물이 나온다.

3) 『모비딕』에는 합리적 실용주의자인 스타벅, 느긋한 낙관론자인 스터브, 열정을 뿜어내는 플래스크가 등장한다.

4) 『모비딕』에는 합리적 실용주의자인 1등 항해사 스타벅과 느긋한 낙관론자인 2등 항해사 스터브, 열정을 뿜어내는 3등 항해사 플래스크가 등장한다. 그들을 한데 모은 인물이 선장 에이하브다. 나는 스터브에 가깝다. 당신은 누구와 닮았는가?

이렇게 메모 한 구절에서 시작해 고치고 보완하다 보면 제법 꼴을 갖춘 문장이 완성되고, 그렇게 정성 들여 작성한 문장에는 단순한 정보가 아닌 지식이 담긴다. 나는 글을 쓸 때 주로 이렇게 다듬어 둔 메모 문장을 편집해 초고를 쓴다. 다른 사람이 작성한 자료를 긁어다 붙이는 건 자제해야 할 일이지만, 잘 정리해 둔 자기 글을 복사하고 붙여 넣는 건 권장할 만한 일이다. 출처를 따로 밝힐 필요가 없기 때문이다.

'잘 요약한다'는 건 '잘 읽었다'는 뜻

글감이 떠오를 때마다 어떤 상황에서든 바로 기록하기 위해 나는 방 안에 작은 칠판을 세워 두었고, 책상 위에도 화이트보드를 갖추어 놓았다. 거실은 물론이고 침대 머리맡이나 화장실에도 수첩과 펜을 갖추어 두었다. 식당에 갈 때는 휴대전화에 메모를 하고, 운전하면서는 녹음기를 활용한다. 글자로 기록할 겨를이 없을 때는 사진으로 남겨 두고, 생생한 장면을 남기는 게 좋다고 여기면 동영상으로 촬영해 둔다. 메모하기가 무척 곤란한 경우도 있다. 미용실과 목욕탕에 갈 때인데 이때는 극단적인 메모 방법을 쓴다. 암기다. 메모할 내용을 외워둔 다음, 기억이 희미해지기 전에 수첩에 옮겨 적는다. 그리고 여러 도구로 기록해 둔 자료를 정리해 블로그에 올린다. 흥미로운 자료는 SNS로 친구나 식구들과 공유하기도 한다. 종이수첩이든 스마트폰이든 각자 편한 도구와 방법을 택하면 된다.

요약은 구체적인 문자 기록을 추상하는 작업이다. 중복되는 설명이나 사례 또는 이야기를 추려 내면서 뼈대가 되는 본질적인 내용만 남긴다. 어떤 자료를 읽거나 현상을 관찰하며 한 문장으로 내용을 요약해 보는 습관을 들이자. 예를 들어, 나는 화가의 도록 보기를 좋아하는데 작가의 성향을 공책에 요약한 다음, 블로그에 짧게 한 마디로 정리해 둔다.

르네 마그리트 : 세상은 역설로 가득하다.

마크 로스코 : 사람의 감정은 언제나 번지고 전염된다.

아메데오 모딜리아니 : 사람에겐 누구나 연약하고 우울하며 서글픈 구석이 있다.

에드가 드가 : 기쁘든 슬프든 우리는 오늘도 인생이라는 무대에 오른다.

장 오귀스트 르누아르 : 행복해지고자 하면 행복해진다.

이런 식으로 요약해 두었다가 미술관이나 전시회에 가 보고, 다른 책도 보면서 내용을 아래처럼 보완한다.

피카소는 아이처럼 그리기 위해 평생이 걸렸다고 말한 적 있다. 스페인 바르셀로나에 있는 피카소 미술관에 간 적이 있는데, 그의 10대 시절의 그림이 정교한 고전적 정물화에 가까운데 비해 나이가 들면서 차츰 격식을 벗어난다. 호안 미로 미술관에서 본 미로의 작품들 역시 피카소의 그림처럼 순진무구해 보였다. 어린이는 노력 없이도 순수하지만, 어른은 부단히 노력해야 겨우 순수해진다는 점을 표현하는 듯했다.

이렇게 정리하고 나면 그림 자료는 정보로, 단편적인 정보는 지식으로 바뀐다.

추상적 개념을 구체적 실물로 설명하기

앞서 추상에 관해 다루었는데, 추상 과정을 거꾸로 적용해 보면 어렴풋한 개념을 뚜렷이 알 수 있으므로 정보를 지식으로 바꾸기에 유용하다. 내가 사는 농네에 있는 한빛중학교 정문에 '인성이 실력이다'라는 알림막이 걸렸다. 그때 나는 공리주의에 관한 책을 읽던 중이었는데, 공리주의가 뭐냐고 학생이 물었을 때, 저 사례를 들어 설명하면 좋겠다는 생각이 들었다. '공리주의(功利主義)'란 좋고 나쁨에 대한 보편적 기준이나 보편적 동기를 무시한 채 개인이나 집단의 현실적 이익을 증대하는 데 기여하는 건 모두 선이라고 보는 도구주의적 윤리 관점이다. 저 문구는 인성을 합격이라는 결과적 쾌락을 얻는 도구로 간주했다.

다음은 경제 관련 웹사이트에서 인용한 정보다.

대체재 : 서로 대신 쓸 수 있는 관계에 있는 두 가지 재화.

보완재 : 서로 보완 관계에 있는 재화.

아래는 그 정보를 이해해 예를 추가한 다음, 다시 정리한 것이다.

대체재 : 소고기와 돼지고기, 버터와 마가린처럼 한쪽이 부족하면 다른 것으로 대리만족할 수 있는 것.
보완재 : 자동차와 휘발유처럼 각기 다른 기능을 지녔으나 연관되는 것.

그 지식을 활용해 칼럼을 쓰면 다음처럼 첫 단락을 전개할 수 있다.

소고기를 독점한 업체가 돼지고기까지 독점하면 시장에서 욕을 먹을 것이다. 하이트 맥주는 진로 소주를 인수하면서 독과점 논란에 휩싸였는데, 소주와 맥주는 대체재가 아니라 보완재라고 주장했다. 대체재인가 보완재인가, 판단은 소비자에게 맡긴다.

예를 들어 설명하는 건 정보를 지식으로 바꾸는 좋은 방법이다. 철학 책에 '운동'이라는 용어가 나오면 물체의 움직임으로만 이해하면 안 되고, '변화' 일반이라고 이해해야 한다. 예를 들어, 단풍이 들거나 피부가 늘어지거나 몸무게가 늘어

나는 것도 모두 운동이다. 예를 들어 설명할 수 있어야 진짜 지식이다.

비유의 힘 – 예시보다 개념에 더 쉽게 가닿기

비전문가가 전문 개념에 접근하는 경우, 실제 사례 분석보다 비유로 대강 감을 잡는 게 더 효과적일 때가 있다. 고등과학원 소속의 수학 박사 최재경은 교육방송 다큐멘터리 〈피타고라스 정리의 비밀〉 인터뷰에서 일반 시청자들에게 '위상수학과 기하학'이라는 어렵고 생소한 개념을 비유를 활용해 효과적으로 전달했다.

"산꼭대기를 올라갈 때 우리는 두 가지 문제를 생각할 수 있겠죠. 먼저, 과연 꼭대기까지 갈 수 있는 길이 있는가? 그리고 갈 수 있다면 가장 짧은 등산길은 어떤 것인가? 그 두 가지 문제입니다. 꼭대기까지 가는 길이 있느냐 하는 게 바로 위상수학의 문제이고, 얼마나 짧은가 하는 것을 다루는 것이 기하학입니다."

'객체 지향'은 프로그래밍의 한 방법인데 이 개념을 제대로 이해하기가 쉽지 않다. 객체 지향 프로그래밍의 주요 특징 중 하나인 '블랙박스'를 비유 방법으로 이해해 보자. 자동차 보닛 한 번 열어 보지 않고도 우리는 매너 좋은 능숙한 운전자가 될 수 있다. 자동차를 잘 조작만 하면 되지, 자동차 내부까지 분석할 필요는 없다. 우리는 핸들을 조작해 자동차를 움직인다. 자동차 내부의 조향 장치가 어떻게 생겼고, 어떻게 작동하는지는 분석할 필요가 없다. '좌회전'과 '우회전'이라는 간단한 두 조작을 익히는 것으로 충분하다. 조향 장치를 작동하게 하는 부품이 모두 감춰져 있고, 운전자에게 핸들과 깜빡이 조절 막대만 노출돼 있는 것은 그렇게 하는 것이 사용자에게 더 안전하고 편리하기 때문이다. 객체 지향 프로그래밍도 이와 비슷하다. 프로그램 소스는 감추어져 있지만, 어느 프로그래머든 그 기능을 언제든 간편하게 활용할 수 있다.

플라톤은 인간의 앎이 단순한 의견에서 지식으로 바뀌는 과정을 '동굴에 갇힌 죄수'라는 비유로 설명했다.『국가』7권에 나온 내용을 요약했다.

우리 모습을 이런 처지에 비유해 보자. 동굴 속에서 입구 쪽 불빛을 등지고 몸이 묶인 사람들이 있다. 동굴 안쪽 벽에 그림자극처럼 자신들 모습이 비치고, 뒤에서 사람들이 인물상이나 동물상 등을 들고 지나간다. 평생 고개를 돌리지도 못했다면 이들은 벽에 비치는 것을 실물이라 생각할 것이며 소리가 들리면 그림자가 내는 것이라 여길 것이다. 그런데 이들 중 누군가 풀려났다고 생각해 보자. 목을 돌리고 불빛 쪽으로 가도록 강요당한다면 그는 고통스러워하며 눈부심 때문에 실물을 잘 볼 수도 없을 것이다. 불빛 자체를 보기는 힘들겠지만, 그림자가 아닌 실제 지나가는 것들을 보게 되면 전에 보았던 것보다 더 참된 것이라 믿게 될 것이다. 누군가 그를 동굴 밖으로 끌어낸다면 눈이 부셔 처음에는 아무것도 볼 수 없겠지만, 차츰 빛에 익숙해질 것이며 아름다운 풍경도 보게 될 것이다. 이 사람은 자신이 갇혀 있던 곳을 생각하며 그 처지에 있는 이들을 불쌍하다 여겨 그들을 풀어주려고 다시 동굴 속으로 들어갈 것이다.

'스토리텔링'이라고도 부르는 이야기하기 기술은 요약과 예시, 비유가 적절히 섞여 지식을 효과적으로 전달하는 수사법의 일종이다. 사료나 증거는 없지만 사실처럼 전해지는 이야기들이 있다. 종교재판에 회부되었다가 풀려나오면서 "그래도 지구는 돈다"라고 중얼거렸다는 갈릴레오의 이야기, 달걀을 세운 콜럼버스의 이야기, "짐이 곧 국가이니라"라고 말했다는 루이14세의 이야기…… 이런 이야기들은 고증할 길이 없지만 의미 있는 역사 지식의 일부다. 설사 실제 그러하지 않았다 하더라도 대중이 역사적 인물의 개성이나 사건의 본질을 잘 파악할 수 있게끔 도와주기 때문이다. 사람들은 객관적 사실보다 핵심만 적절히 편집된 이야기를 더 잘 믿으며, 디지털 매체도 그런 이야기를 더 잘 실어 나르는 것 같다. 우리는 캐리커처를 보면서 한 인물에 대한 사실 정보를 얻는 것이 아니라 그 인물이 지닌 여러 성격 가운데 두드러진 한 측면을 짐작한다. 그래서 캐리커처는 때로 초상화나 사진보다 더 효과적이다.

여기까지 요약과 예시, 비유, 이야기하기 기술에 관해 간략히 살펴보았는데, 그러면 우리는 이미 글쓰기의 실용 기술을 대강 익힌 셈이다.

글쓰기의 기본 원칙

내 글쓰기 원칙은 이렇다. "처음 쓸 때 신중하게 생각하고, 쓰기로 마음먹었으면 감당할 수 있을 만큼만 쓰자. 감당할 수 있는 범위를 넓히기 위해 열심히 연구하자. 독자에게 설명하기보다 스스로 판단할 수 있도록 근거를 충분히 주자."

작가 에밀 졸라(Émile Zola)의 글쓰기 태도를 엿보면서 우리의 글쓰기 습관을 돌아보자. 롤프-베른하르트 에시히(Rolf-Bernhard Essig)가 설명한 내용을 소개한다. 졸라는 소설을 준비할 때면 배경이 되는 건물과 집의 실내도까지 공책에 그려 넣었다. 그러면 누가 누구의 옆집에 살고, 어느 집이 부부 싸움을 할 때 누가 그것을 들을 수 있는 위치에 있는지 알 수 있다. 그는 과학자가 가설을 세우고 실험을 하듯 그렇게 초고를 썼다. 『제르미날(Germinal)』은 프랑스 광산 노동자의 일상을 다룬 작품이다. 작가 에밀 졸라는 탐사 보도에 나선 기자처럼 미리 그곳에 가서 자세히 관찰하고 광산 노동자들을 인터뷰했다. 그들과 함께 축축한 지하 갱도 가장 깊은 곳까지 내려갔다. 그리고 몇 달 동안 광부들의 고단한 삶을 체험했다. 그들이 노예나 동물처럼 대우받는 광경을 목격할 때는 함께 울분을 토했다. 이런 글을 놔둔 채, 안락한 카페 한 구석에서 커피나 홀짝이면서 상상하고 추측하며 써낸 글을 읽으며 시간을 보내기에는 인생이 너무 아깝다.

판단을 전달하지 말고, 판단 근거를 전달하자

작가 나탈리 골드버그(Natalie Goldberg)는 『뼛속까지 내려가서 써라(Writing Down the Bones)』에 이렇게 썼다.

작가는 슬픔과 기쁨이라는 단어를 사용하지 않고서도, 독자의 마음을 슬픔과 기쁨의 골짜기로 안내할 수 있어야 한다. 새로운 생명이 태어나는 자리에서는 흥분과 축복이 공존한다. 그때 보이는 모습을 묘사해 보자. 산모의 얼굴, 거듭되는 진통 끝에 드디어 아기가 세상 속으로 나오는 순간 폭발하는 에너지, 젖은 아내의 이마를 수건으로 닦아주며 아내와 똑같이 호흡을 맞추는 남편. 당신이 '생명의 본

질'이라는 단어를 사용하지 않아도 독자는 이미 그것을 이
해하고 느끼고 있다.

판단 근거를 주고, 독자로 하여금 판단하게끔 하는 문장
의 설득력이 더 세다. 구체적 근거인 대상을 활용해 보편 개
념과 정서를 전달하는 방식이 좋다. 바람 부는 가을 저녁의
쓸쓸한 정서를 전달하기 위해 '쓸쓸하다'고 직접 표현하기보
다 '텅 빈 현관 길에 낙엽 한 장이 뒹군다'고 표현하면 독자
의 마음속에 생생하게 정황이 떠오르고, 외롭고 적적한 심정
이 절로 일어날 것이다. 아래 문장은 저자가 미리 사태를 두
루뭉술하게 판단하고 단정해 서술했으므로 독자가 끼어들어
갈 여지가 없다.

어느 나라에서 이슈가 생기면 불과 얼마 지나지 않아 우
리는 집에서 그 소식을 접할 수 있다.

단순하게 해설하면 내용이 밋밋해지고 설득력이 떨어진다.
그렇지만 직접 보고 들은 실제 이야기를 적으면 독자의 머릿
속에 전달하고자 하는 내용이 뚜렷이 드러나므로 설득력이
높아진다.

2013년 4월 16일에 보스턴 마라톤 폭탄 테러가 일어나고 3분도 지나지 않아 국내 언론 매체와 트위터에 그 소식이 알려졌다.

'어떤 기사에서'라고 쓴 글보다는 '워싱턴포스트 2011년 6월 1일자 12면 사설에서'라고 표현한 글이 더 좋다. '전 미국 대통령 윌슨'이라고 쓴 구절보다 '민족 자결이라는 이상을 추구했던 제28대 미국 대통령 우드로 윌슨(Thomas Woodrow Wilson)'이라고 표현한 구절의 질이 더 높다. '아르헨티나는 9명의 각기 다른 선수들의 26회에 걸친 패스 끝에 상대 진영까지 공을 몰고 들어가 57초 만에 골을 넣었다(출처: FIFAworldcup.com)'라고 적은 기자의 노고도 주목할 만하다. 그는 여러 번 반복해 경기 영상을 관찰했을 것이다. 다음 기사문은 구체적으로 사실을 기술해 보여줌으로써 독자로 하여금 스스로 사태를 판단하도록 했다.

노량진의 독서실은 금기투성이의 영토다. 절대로 하지 말아야 할 일과 반드시 지켜야 할 일이 많다. 비닐봉지에 덧버선들을 담아 독서실 입구에 걸어두었다. 위에 안내문이 붙었다. "발뒤꿈치까지 감기는 이런 덧버선을 신고 다니세요." 열람실 문에는 포스트잇이 여럿 붙어 있다. "발뒤꿈치

올리고 걸으세요." 덧버선을 신어도 걸음마다 소리가 난다. "차가운 음료만 드세요." 뜨거운 음료수를 마시면 홀쩍거리는 소리가 난다. "캔음료는 밖에서 따세요." 딸깍거리는 소리가 방해된다. "점퍼·가방 지퍼는 밖에서 열고 들어오세요." 지퍼 소리도 신경에 거슬린다. "담배 피우면 냄새 다 빠질 때까지 한참 있다 들어오세요." 냄새조차 거슬린다.

－ 안수찬, "노량진 공시촌 블루스", 「한겨레21」, 제837호

이 시대 청년의 고뇌가 귓전을 울리는 듯하다. 아래는 좋은 문장이 아니다.

위대한 철학자 소크라테스 선생님께서 악법도 법이라고 말씀하셨듯, 불합리한 법도 지키는 게 국민의 도리입니다.

위 문장은 '악법도 법'이라는 인용과 그 인용에서 비롯한 주장으로 구성되었다. 그런데 플라톤의 저작을 비롯해 소크라테스의 언행이 기록된 어떤 문헌에도 '악법도 법'이라는 말은 나오지 않으므로 위 주장은 아무 설득력도 띠지 못한다. 그래서 글쓴이의 상식과 추측을 출처 삼아 글을 쓰면 안 된다. 플라톤의 저작을 조금만 참조하면 다음과 같이 쓸 수 있다.

소크라테스는 신비한 자연의 법(Physis)이 아니라 인간이 만든 올바른 법(Nomos)이 정치 공동체를 지배하기를 바랐으니, 그릇된 법은 인간 스스로 없애거나 바로잡아야 합니다.

이렇게 써야 소크라테스가 한 말의 참뜻에 조금 더 가깝다. 그리고 좀 더 지식답다.

저자와 독자를 뚜렷이 밝혀라

출처를 제대로 적는 습관은 정보의 주인이 되고, 문장의 책임자가 되어 문서의 신뢰도를 높이고자 하는 태도다. 수신자를 한 명이 아닌 둘로 설정해 동일한 내용으로 이메일을 보내면 답장이 올 확률은 얼마나 떨어질까? 이런 의문을 품은 학자 고미야마 히로시(小宮山 宏)는 지인들에게 실험을 했는데, 이때 회신율은 '$1/n^2$' 정도로 떨어졌다고 한다. 두 명에게 같은 이메일을 보내면 답신이 올 확률은 4분의 1, 즉 25퍼센트가 된다. 세 명에게 보내면 9분의 1로, 네 명에게 보내면 16분의 1로 확 떨어진다. 이 일화는 이메일 응답률을 높이려면 발신자와 수신자를 뚜렷이 정하는 게 중요하다는 점을 일러준다.

보낸 편지함을 열어 아무거나 몇 개만 확인해 보라. '생각됩니다' '판단됩니다' '이해됩니다' '예상됩니다' '전망됩니다' '풀이됩니다'와 같은 피동형 표현을 자주 쓰고 있다면 글쓰기 습관을 돌아봐야 한다. '생각되어진다'는 어처구니없는 말을 겸손한 표현인 양 착각하는 이들도 있는데, 이런 표현으로 독자를 설득하기는 힘들다. 주어가 분명치 않을 때 쓰라고 만든 피동형을 마구 쓰면 문장의 힘이 떨어지며, 책임 주체가 사라지기 때문에 글 쓰는 태도에 우물쭈물하는 습관이 배기 쉽다.

　피동형 뒤에 숨지 말고 자신 있게 표현하자. 적극적으로 주체를 드러내자. '저는'이라고 써야 할 자리에 '저 같은 경우는'이라고 쓰면 안 된다. 뜻을 잘못 전하기 때문이다. '일본 같은 경우는 국민 대다수가 평화 헌법 개정을 원하고 있다'라는 문장에서 '같은 경우'는 쓸데없는 표현이라 원뜻을 흐리고 왜곡한다. 자신에게 일어난 일을 '저 같은 경우는'으로 서술하는 사람은 매사에 자신 없이 뭉뚱그려 표현하는 사람일 확률이 높다. "기분이 참 좋은 것 같아요"라고 쓰는 것도 우스꽝스럽다. 준비를 '안' 했으면서도 '못' 했다고 말하면 원뜻이 훼손된다. '읽기 좋다'고 써야 할 곳에 '잘 읽힌다'고 쓰면 맥이 빠진다. '쓰기 힘들다'고 써야 하는데 '글이 잘 안 써진다'고 말하면 안 된다. '그런 사이트엔 가기 싫다'고 단언하면 될 것을 '그런 사이트는 잘 들어가지질 않는다'고 에둘러 쓰

2006년 「타임」 선정 올해의 인물:
적극적으로 주장을 펼치는 디지털 매체 사용자

면 안 된다. 금세 까먹고 나중에 또 가더라.

이런 나쁜 표현 태도는 일상 의사소통뿐 아니라 공공 영역에서 교묘하게 자주 악용된다. 미국이 이라크를 침공했을 때 미군이 민간인을 사살하는 사건이 일어나자 백악관은 미군이 사살했다는 말 대신 바그다드 시민이 희생되었다고 씀으로써 주체의 책임과 본질을 흐렸다. 이라크 침공 이후 언론 매체가 머릿 기사를 아래 1번 문구처럼 뽑자, 백악관은 언론사를 설득해 제목을 2번 문구처럼 조정해 양국 간에 벌어진 전쟁으로 변질시켰다.

    1) War on IRAQ (이라크 침공)
    2) War with IRAQ (이라크와 전쟁)

'쓰여진' '보여진' '찢겨진' '잊혀진' 같은 이중 피동도 조심해야 한다. 군이 피동을 써야 하면 '쓰인' '보인' '찢긴' '잊힌'으로 고쳐 써야 옳다. 문장의 주체를 바로 세우자.

구상의 한 측면, 익숙한 것을 낯설게

세상에서 가장 쓰기 쉬운 글은 짧은 빈정거림이다. 강 건너 불구경이 잔인하면서도 흥미진진한 취미이듯, 다른 이의 말이나 글을 흠잡고 욕하는 건 무척 쉽고도 흥미롭다. 띠지와 겉싸개가 책 디자인의 새 차원을 열었다는 기사를 디자인 잡지에서 읽었는데 확 짜증이 밀려왔다. 띠지와 겉싸개는 아무 쓸모도 없이 자원을 낭비하며 책값만 올리기 때문이다. 그래서 해당 기사를 요약해 블로그에 올리면서 이렇게 덧붙였다. "그래, 패스트푸드가 식생활에 새장을 연 것처럼 말이지." 하지만 다음날, 나는 이 글을 지웠다. 아무에게도 도움이 안 되는 지껄임에 불과했기 때문이다. 빈정거리는 것에 그

치지 말고 더 나은 것을 제안하자며 여기저기서 그렇게 떠들었으면서도 막상 그런 소재에 흥미가 끌렸다. 어떤 독자가 읽을지, 어떤 이에게 도움이 될지 곰곰이 따져 보면 애초 올리지 말았어야 할 글이 참 많다.

2007년 여름, 고양시 학원가에서 논술 강사 생활을 시작하며 친구에게 하소연했다. "악의 소굴인 사교육 시장에 뛰어들게 되었네. 어찌 하면 좋은가?" 친구가 말했다. "사교육은 나쁘고 공교육은 좋다는 식으로 나누는 건 적절하지 않아. 공교육이든 사교육이든 상관없이 세상에는 좋은 교육과 나쁜 교육 두 종류만 있다네." 내가 비아냥거림에 머물렀다면, 친구는 적극적이고 보편적으로 주제를 도출하고자 했으니 구상 측면에서 훌륭하다.

관점이 편협한데 문장만 화려한 글보다는 문장이 좀 투박하더라도 좋은 관점에서 기술된 글이 더 낫다. 2012년에 안전보건공단에서 글쓰기 특강을 하면서 도쿄 지하철역에서 사람 목숨을 구하다 자기 목숨을 잃은 고 이수현 씨에 관해 이야기했다. "이수현 씨는 자기 목숨까지 희생해 다른 생명을 구했습니다. 죽음에 대한 공포를 극복하고 타인에게 사랑을 베푼 그의 고귀하고 숭고한 정신을 떠올리며 살아갑시다." 그때 공단 직원 한 분이 넌지시 의견을 건넸다. "이수현 씨는 희생 정신으로 뛰어든 게 아니라, 사람 목숨도 구하고 자신도 살 수 있을 거라고 굳게 믿었기에 용감하게 선로에 뛰어들었을 겁니다. 생명처럼 소중한 것은 없으니까요." 안전공단 직원다운 해석이다.

글쓰기는 익숙한 현상을 낯설게 만들거나 생소한 개념을 친숙하게 만드는 작업이다. 저자는 독자에게 새것이 다 좋은 건 아니며 몸에 익은 것이라 해서 다 좋은 것도 아니라는 점을 상기시킨다.

구상의 다른 측면, 다른 것을 비슷하게

달라 보이는 두 현상에서 공통점을 찾아내는 것도 구상 단계에서 긴요하다. "먹은 것으로 인간을 알 수 있다 (Der Mensch ist, was er ißt)"라고 선언한 유물론자 포이에르바하 (Feuerbach)와 "검색 목록으로 인간을 알 수 있다(You are what you search)"라고 적은 웹칼럼니스트 폴 버틴(Paul Boutin)의 표현에는 유사한 통찰이 깃들어 있다.

어느 여름날, 음식물 쓰레기통에서 썩은 내가 풀풀 풍겼다. 음식물 쓰레기를 모두 긁어모아 봉투에 넣고 보니 약간 덜 찼다. 나가서 밥을 먹을 거니까 쓰레기가 더 나올 일은 없을 것 같다. 봉투를 단단히 묶어 현관 앞에 내놓는다. 그런데 최종 교정지를 얼른 검토해 달라는 출판사의 연락이 온다. 배는 고픈데 그래도 처리하고 나가야 할 것 같다. 요기나 하려고 바나나를 하나 까먹는다. 음식물 쓰레기가 생긴다. 단단히 여며진 쓰레기봉투는 아가리를 쉽게 열지 않는다. 누가 감히 내 원고에 빨간 펜을 대냐며 의기양양하게 선언한 원고에는 역시나 오탈자와 어색한 문장이 여럿 발견되었다. 쓰레기봉투 묶는 일은 내 재수 없음과 비슷했다. 음식물 쓰레기는 사소하고 더러운 사물에 불과하지만 특수한 맥락 안으로 들어오면 얼마든지 의미를 만들어 낼 수 있다. 시인 윌리엄 블레이크(William Blake)는 후원자인 트러슬러(Trusler) 박사에게 보낸 편지에 그걸 이렇게 표현했다.

어떤 이들에게 기쁜 눈물을 머금게 하는 나무도

다른 이들의 눈에는 그저 거추장스러운 녹색 사물일 뿐

입니다.

김치찌개를 끓인다. 늘 해 오던 대로 김치를 달달 볶다가 물을 붓고 참치 통조림을 한 통 넣고 더 끓인다. 그런데 맛이 엉망이다. 맛을 망친 범인은 익지 않은 새 김치였다. 갓 담근 김치로는 아무리 용을 써 봐야 헛수고다. 그날 도서관에서 읽은 사진작가 데이비드 두쉬민(David Duchemin)의 평론집인 『프레임 안에서(Within the frame)』의 한 구절이 떠올랐다. "졸

작을 걸작으로 만들어 주는 필터는 없다." 나는 김치찌개를 끓였고, 두쉬민은 사진을 찍었지만 우리는 같은 것을 이야기 했다. 『구로사와 아키라의 영화세계』에는 이런 구절이 나온다. "제 아무리 뛰어난 감독이라도 삼류 시나리오를 놓고서는 좋은 영화를 만들지 못한다." 이 말은 이렇게 해석해 볼 수 있다. 저급한 출처로 훌륭한 자료를 만들고자 하는 건 헛된 욕심이다.

고양시 하늘초등학교 학생들이 현장 학습일에 경기도 용인에 있는 한국민속촌에 갔다. 말 타기 체험 행사장에서 옆에 서 있던 말 한 마리가 여학생의 유인물을 야금야금 씹어 먹었다. 소녀는 엉망이 된 유인물을 선생님에게 보여주면서 말했다. "말이 먹어 버렸어요, 그런데 스테이플러 찍힌 부분은 먹지 않았어요. 다행이죠?" 『논어』「위령공」편에는 이런 대목이 나온다. 공자가 어느 날 오후 늦게 집에 돌아와 하인이 실수로 마구간을 태워 버린 사실을 알게 되었다. 공자는 한 마디만 하고 더는 묻지 않았다. "다친 사람은 없느냐?" 말을 염려한 유인물 소녀와 사람을 염려한 공자의 마음은 서로 다르지 않다. 다른 시공간에서 벌어진 다른 이야기 두 편이 하나로 연결됐다. 글쓰기는 개인의 체험과 인간의 보편 심성을 연결 지어 보려는 인문교양의 태도를 언어 표현으로 드러내는 일이다.

내용이 좋아도 담는 형식이 나쁘면 글은 무용지물

글쓰기의 기본 원칙을 충실히 지키고자 노력하는 사람은 원칙에 위배되는 불필요한 표현들을 쓰거나 새로 만들지 않을 것이다. 쓸데없는 꾸밈말을 쓰지 말아야 하고, 쓸데없이 문장 부호를 남용하면 안 된다. 표준어는 교양을 갖춘 사람들이 두루 쓰는 현대 서울말이다. 여기서 '교양'과 '두루' '현대' 모두 상대적인 개념이다. 정해진 법칙이 있는 게 아니라 그때그때 언중이 현명하게 판단해 표준 표현을 제정한다는 뜻이다. 디지털 시대의 표준어 역시 디지털 매체 사용자들의 평균 취향과 수준을 고스란히 드러낼 것이다. 명사인 '완전'을 부사처럼 쓰면 그게 표준 표현이 될 것이다. 문장 부호를 원래 기능에 맞지 않게 쓰다 보면 그게 어문 규정을 흔들 것이다. 가령 말끝을 흐리거나 호감을 전달하거나 때로 느낌표를 대신하는 도구로 물결표(~)를 널리 활용하면 그렇게 표준 규정이 변할 것이며, 이모티콘도 문장 부호의 일종으로 당당히 대접받을 것이다.

여기서는 잘못된 표현이나 바로잡아야 할 표현을 종류별로 간략히 소개한다. 실린 매체를 적지 않은 문장은 글쓰기 강의의 수강생 과제물에서 발췌한 것이다.

〈맞춤법이 틀린 예〉

• 박람회 <u>치룬</u> 여수시, 관광객 1000만 유치 선언

— 「세계일보」 기사

→ 기본형이 '치르다'이므로 '치른'이라고 고쳐야 한다.

• 인천대 공원에서 담배 <u>피면</u> 5만원

— 「한겨레신문」 기사

→ 기본형이 '피우다'이므로 '피우면'이라고 고쳐야 한다.

• <u>일부로</u> 노출하기 위한 의도 없었다.

— 「미디어인」 기사

→ '일부러'가 맞는 표기.

• 성우 비하 의도 전혀 없어, 이해 <u>바래</u>

— 「충청일보」 기사

→ 기본형이 '바라다'이므로 '바라'라고 고쳐야 한다.

• 17대 총선을 앞두고 이른바 정치 테마주를 <u>유포시킨</u>
일당이…

— 한국방송 1라디오 뉴스

→ '시키다'는 '하게 하다'란 뜻이고, '유포시키다'는 불필
　요한 사동 표현이므로 '유포한'이라고 바로잡아야 한
　다. '퍼뜨린'이라고 써도 괜찮다.

〈띄어쓰기가 틀린 예〉

• 인생은 <u>한번 뿐</u>이니까

- K2 광고 문구

→ '한'은 관형사, '번'은 의존명사, '뿐'은 조사이므로 '인
　생은 한 번뿐이니까'라고 써야 한다.

• 청년이라면 <u>한 번</u> 도전해 보자.
→ '인생은 한 번뿐이니까'처럼 '한'과 '번'을 띄어 쓰면
　'1회'라는 뜻이 되지만 '한번'이라고 붙여 쓰면 '일단'
　이나 '과감하게'의 뜻을 지닌 다른 단어가 된다. '다
　음 시험에 한 번 더 도전해 보자'에서 '한 번'은 맞지
　만, 위 문장의 '한 번'은 '청년이라면 한번 도전해 보
　자'라고 붙여 써야 한다.

• 남동생은 가족을 <u>외면한지</u> 오래다.
→ '~ 이래'를 뜻하는 '지'는 의존명사이므로 '남동생은

가족을 외면한 지 오래되었다'라고 띄어 쓴다.

〈줄임말을 잘못 쓴 예〉

• 써니, 사랑스런 '키스마크' 눈길

　　　　　　　　　　　　　　　　　- 「스포츠경향」 기사

→ '~스러운'을 '~스런'으로 줄일 수 없다. '사랑스러운'이
　라고 고쳐야 한다.

〈품사나 문장 성분을 잘못 쓴 예〉

• 보다 다양한 금융 서비스를 제공할 수 있을 것…

　　　　　　　　　　　　　　　　　- 「머니투데이」 기사

→ '보다'는 조사이므로 부사인 '더'로 바꾸는 게 좋다.

• 『안나 카레니나』의 첫 대목은 이렇게 시작한다. '행복한
　가정은 모두 고만고만하지만, 무릇 불행한 가정은 나
　름나름으로 불행하다'

　　　　　　　　　　　　　　　　　- 「한국일보」 칼럼

→ '나름'은 의존명사라 홀로 쓰이지 못하고 앞에 다른 말
　이 필요하므로 '제 나름대로'라고 고쳐야 자연스럽다.

- 뿐만 아니라, 전력산업을 심각한 적자 운영 구조로 만들어…

- 「매일경제」 기사

→ '뿐'은 의존명사 또는 조사로 쓰이기 때문에 어떤 경우든 문장 처음에 쓰면 안 된다. '그뿐 아니라'라고 조사로 쓰거나 '그러할 뿐만 아니라'라고 의존명사로 써야 한다.

- 엄마는 스스로를 그렇게 생각하는 것 같다.
→ '스스로' '모두' '저마다' 같은 부사는 대상이 아니라 상태를 뜻하므로 대명사처럼 쓰면 안 된다. '엄마는 자신을 그렇게 여기는 듯하다'라고 써야 옳다.

〈용어를 잘못 고른 예〉

- 기자도 지방의 초등학교를 다니던 시절, 학교에서 '신문물 교육'을 받은 적이 있다.

- 「한겨레신문」 기사

→ 자신을 가리켜 '기자'라든지 '필자'라고 부르면 안 되므로 '나도'라고 쓰거나 '기자인 나도'라고 고쳐 써야 한다.

- '대구구장 <u>만원사례</u>'

  – 「마이데일리」 기사

→ '만원사례(滿員謝禮)'는 만원을 이루게 해주어 관객에게 감사한다는 뜻으로, 주최 측에서 쓰는 표현이다. 단순히 만원을 이루었다는 사례(事例)를 강조하기 위해 이 말을 쓰면 안 되므로 '대구구장, 만원 관중'이라든지 '대구구장 가득 들어차' 등으로 고쳐야 한다.

〈문장 부호를 잘못 쓴 예〉

문장 부호에는 다 제 역할이 있으므로 본래 쓰임새와 다르게 쓰면 안 된다. 아래는 물결표를 잘못 쓴 예다. 친근한 어감을 표현하거나 미묘한 감정을 표현하려고 물결표를 마구 쓰는 건 곤란하다.

- 미술관에서 즐겁게 <u>오~래</u> 머물고 싶다면?

  – 「머니투데이」 기사

→ 오래오래

- 작가인 로즈 켄트는 한국 혈통인 네 명의 아이들을 키우며(그중 둘은 입양아다) 그들이 품은 고민에 귀를 기울였다.

→ 괄호의 위치가 틀렸다. 괄호는 보충 설명하려고 하는 말 바로 뒤에 와야 하므로 '작가인 로즈 켄트는 한국 혈통인 아이 넷(둘은 입양아)을 키우며 그들이 품은 고민에 귀를 기울였다'라고 고쳐야 한다.

〈주어와 술어가 맞지 않는 예〉

• 범죄는 누가 범했는지가 중요한 게 아니라, 무엇을 범했는지가 중요하다.

→ 앞 절과 뒷 절의 주어가 달라 문장이 어색해졌다. '죄지은 사람만 부각할 게 아니라 그가 어떤 죄를 저질렀는지 먼저 철저히 파헤쳐야 한다'라고 고쳐 쓰면 어떨까?

〈단어 순서가 어색한 예〉

• 한국소비자원이 시판하고 있는 50개 화장품을 조사한 결과…

– 한국방송 1라디오

→ '시중에 팔리는 화장품 50가지를 한국소비자원이 조사해 보니…'라고 주어 위치를 바꾸면 더 자연스럽다.

〈어색한 외국어 투의 예〉

- 인터넷의 발달은 정보 접근의 쉬움과 자신의 역량을
  펼칠 수 있는 공간을 제공한다.
- → 관형격 조사 '의'보다 문장 뜻을 더 잘 표현하는 적절
  한 조사가 있다. '인터넷이 발전하면서 정보에 접근
  하거나 자기 역량을 펼치기도 쉬워졌다'라고 쓰는 게
  더 한국어답다.

- 우리는 여기서 약간 조심스러운 구별을 해야만 한다.
- → '관형사+명사' 형태인 외국어 투 표현을 '부사+동사'
  형태로 바꾸면 더 자연스럽다. '우리는 여기서 약간
  조심스럽게 구별해야 한다'라고 고치면 좋다.

- 관계자는 "홈페이지를 전면 개편을 통해 웹접근성 인증
  마크를 획득하게 됐다"며 "장애인과 고령 사용자 등의 편
  의성을 높인 홈페이지 서비스를 통해 고객만족을 실현…
  　　　　　　　　　　　　　　　　　　　- 「이데일리」 기사
- → '~을 통해'는 영어 전치사 'through'를 직역해 들여온
  것인데, 한국어 문장에는 별로 어울리지 않으므로 '~
  전면 개편해' '홈페이지 서비스로'라고 다듬는 게 좋다.

- 이 선수는 입단 테스트에서 관계자들<u>로부터</u> 찬사를 받았다.

- 「오마이뉴스」 기사

→ '~로부터' 역시 영어 전치사 'from'을 직역한 어색한 표현이다. '관계자들에게(서)'라고 고치면 더 자연스럽다.

- 탈구조주의자들은 장르와 대중문화<u>와의</u> 관계<u>에 있어서</u> 포스트모더니스트일 수도 있다.

→ 일본어 투 표현인 '~와의'와 '~에 있어서'는 한국어 문장에 어울리지 않는다. '탈구조주의자들은 장르와 대중문화의 관계에서 포스트모더니스트일 수도 있다.'

〈불필요한 말을 덧붙인 예〉

- <u>저 같은</u> 경우는 통상보다 대법원 판결이 빨리 나와…

- 「신동아」 대담 기사

→ 자신과 비슷한 경우를 가리키는 게 아니라 자신을 가리키는 게 맞으므로 '저 같은 경우'라고 쓰면 안 되고 '제 경우는'이라고 써야 한다.

〈범주가 틀린 예〉

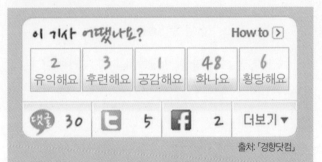

→ 인터넷 기사를 본 사람들로 하여금 '유익해요, 후련
해요, 공감해요, 화나요, 황당해요' 중에 하나를 누
를 수 있도록 만들었는데, 범주가 다른 말들이 나열
되어 무척 어색하다. '유익해요'와 동격을 이루는 말
은 '무익해요'일 것이며 '후련해요'의 동격은 '답답해
요'일 것이다. 화나면서도 황당한 경우에는 어떤 걸
눌러야 할지 모르겠다. 범주 오류는 문장의 형식상
오류를 따져 보면 거의 전부를 차지한다. 이것만 잘
가려내도 문장은 훨씬 자연스럽고 단단해진다.

아울러 한국어 문장을 쓰는 당연한 원칙 하나를 덧붙인
다. 그건 한국어 문장은 한국어로 쓰며, 한국어는 한글로 표
기할 때 더 자연스럽다는 점이다.

Update : 로마자로 표기한 영어

업데이트 : 한글로 표기한 영어

Gaengsin : 로마자로 표기한 한국어

갱신 : 한글로 표기한 한국어

외국 문자를 그대로 노출하기보다 적절한 한글 표기로 기록하자. 한글로만 표기했을 뿐 여전히 외국어 같다면 제대로 된 한국어 표현을 궁리해 고쳐 보자. '태도'라는 버젓한 한국어를 놔두고 구태여 '애티튜드'라고 쓸 이유가 없다. '신제품 발표회'나 '새 작품 발표회' 대신 '쇼케이스'라고 써야 할 까닭도 없다. 신기술이나 새로운 제품 기능에 관해 새 용어가 워낙 많이 쏟아져 나오기 때문에 디지털 매체에는 외국어가 넘칠 수밖에 없는데, 모든 표현에 관여하기보다 자기 관심 영역이나 자기 전문 분야의 신조어나 전문 용어에만 관심을 기울이자. 외국어를 발음만 따서 한글로 표기할 게 아니라 원래 뜻을 잘 표현할 만한 섬세한 한국어 표현을 찾아보자. 각 분야에서 그런 풍토가 조성되면 디지털 네트워크의 표준 언어 수준도 바뀔 것이다.

디지털 매체와 글쓰기

"당분간 트윗 접습니다. 새 작품 좀 쓰다가 돌아올게요."라고 쓴 소설가가 일주일도 지나지 않아 언제 그랬냐는 듯 글을 다시 올린다면 독자는 그 언행의 가벼움에 어리둥절할 것이다. 그런 작가는 미덥지 않을 것이다. "30년간 제 글을 읽어주신 독자께 감사합니다. 글쓰기를 접습니다."라고 쓴 칼럼니스트가 1년도 안 되어 신간을 출간한다면 그런 작가 역시 미덥지 않을 것이다. '계정 폐쇄합니다'는 '새 계정 열지 뭐'와 동의어 같다. 쓰기 싫으면 안 쓰면 되고, 굳이 표현해야 하면 '안 쓰겠다'고 쓰기보다 '쓰기 싫다'고 쓰는 게 낫다. 아무리 사소한 것이라도 디지털 매체에 쓸데없이 약속하거나 다짐하지 마라. 사람 일은 어찌 될지 모르기 때문이다.

"해외 인터넷 동향에 관한 따끈따끈한 이야기를 매일 올리겠습니다."

나는 이런 글을 믿지 않는다. 의욕을 드러내는 게 나쁜 건 아니지만, 더 좋은 글을 쓰려면 그 의욕을 자제하되 실천으로 증명하는 게 좋기 때문이다. 그래야 인터넷 사용자들 사이에 신뢰가 싹트고, 평판도 그렇게 생긴다. 꾸준히 그 일을 하고 나서 아래 문장처럼 쓰자.

"해외 인터넷 동향에 관해 매일 글을 쓴 지 1년이 됐군요."

얕고, 넓고, 수시로 변하는 정보의 바다에서
좁게, 깊게, 한결같이

나는 1996년에 학교 계정에 개인 홈페이지를 개설한 이래 트라이포드와 네띠앙의 무료 계정으로 옮겨 운영하다가 1999년부터 도메인과 유료 계정을 구입해 홈페이지를 옮겼고, 2003년에는 워드프레스(WordPress) 프로그램을 사용해 홈페이지를 블로그 형식으로 바꾸었다. 자기 소개 화면 하나와 링크 모음 화면 하나로 시작한 홈페이지는 '새내기를 위한 문학과 웹'을 거쳐 '리드미파일(http://readme.kr)'로 바뀌었다.

자료의 질을 높이고 구성 방식을 세련되게 다듬으려고 그동안 여러 개인 홈페이지를 참조했는데, 1990년대 말에 내게 영향을 깊이 끼친 웹사이트가 하나 있다. 그 홈페이지 제목은 〈왼쪽 무릎 연골 파열에 관한 보고서〉다. 왼쪽 무릎 연골이 파열된 어떤 이가 다쳤던 당시부터 완쾌하는 시점까지 자신의 모든 의료 기록을 홈페이지에 공개하고, 치료와 재활에 관한 관련 정보를 빼곡히 기록했다. 다른 정보는 없다. 그저 왼쪽 무릎 연골 파열과 치료에 관한 자료만 몇 년에 걸쳐 시간 순으로 정리돼 있다. 이 홈페이지의 운영자는 의료인이 아니지만, 적어도 왼쪽 무릎 연골 파열에 관해서는 최고 전문가 같았다. 정형외과 전문의와 그것에 관해 논쟁해도 뒤지지 않을 것이다. 홈페이지에 자료를 올리거나 글을 쓸 때 나는 늘 이 웹사이트를 떠올렸다.

'네트워크의 저편에서 내가 올린 자료를 읽을 어떤 이에게 유용한 정보를 주려면 내가 책임질 수 있으며 내가 가장 잘 아는 이야기를 가장 치밀하면서도 꾸준하게 전달하자.' 10년 넘게 변치 않고 지켜온 홈페이지 운영 지침은 〈왼쪽 무릎 연골 파열에 관한 보고서〉를 그대로 본 딴 것이며, 그 기준은 고스란히 디지털 매체 글쓰기 원칙이 되었다.

개인 홈페이지를 쉽게 만들 수 있게 된 1990년대 후반에 언론 매체들은 개인 미디어 시대가 열려 기성 매체는 사라질 위기에 처했다며 호들갑을 떨었다. '블로그'라는 더 편리한 저작 도구가 대중화될 무렵 나를 포함해 많은 평론가들은 진정한 1인 미디어 시대가 열렸다며 흥분했다. 주류 매체의 영향력에서 벗어나 블로그가 세상을 혁신할 것처럼 기대했다. SNS가 그 기대를 고스란히 물려받았다.

"완벽한 시스템으로 학습 능률을 최대로 향상시켜 드립니다." - 패미콤150

"전문분야에서 제기되는 요구를 완벽히 충족시킬 수 있는 고성능" - 알라딘386DX

"PC의 한계 영역을 넓힌 미니급 성능의 초고성능 시스템" - 알라딘486

"파트너와 함께라면 무엇이든지 할 수 있다. 개인 업무용, 생활 정보용으로도 이용할 수 있는 이상적인 컴퓨터" - 파트너

1980년대 컴퓨터 광고 문구를 몇 개 따왔다. '최대로' '완

벽히' '초고성능' '무엇이든' 같은 최상급 표현이 무척 낯설고 유치해 보인다. 더 많이 전파되고, 더 많은 사람들이 읽어주기를 바라는 순진한 욕심으로 최상급 표현을 남발한 글은 대체로 유효 기간이 아주 짧기 때문에 신뢰도가 곧 바닥으로 떨어질 확률이 높다.

> 뮤지컬은 〈레미제라블〉이 단연 이 시대 최고봉이다.
> 영화 〈인셉션〉은 할리우드가 이룬 최고 성과다.

위 표현에는 작성자의 확신이 담겨 있다. 과장하려는 의도는 별로 없으며 감정을 솔직하게 표현했을 뿐이다. 그렇다 하여도 최상급 표현이나 단언하는 표현은 나중에 작성자가 새로운 글을 쓸 때 분명 걸림돌이 될 것이다. 새로운 지식을 쌓을수록 안목은 세련되어지고 사고는 깊어지며 판단 기준도 달라질 것이기 때문이다. 독자는 링크를 타고 문서에 접근한다. 예전 글부터 차근차근 읽지도 않고 여러분의 고양된 안목에도 관심이 없다. 특정 정보만 취할 뿐이다. 과장하는 극단적 표현이 들어간 자료는 참고 정보로서 가치가 적은데, 디지털 매체를 매개로 오가는 의사소통에는 이런 표현이 무척 많다. 조금 더 즉각적인 반응을 얻으려고 조금 더 과장하고 조금 더 자극적으로 왜곡하는 경향이 잦다. 비인간 행위자인 디지털 매체가 그런 편리한 환경을 제공하기 때문이다.

디지털 매체에 글을 쓰는 사람들은 어떻게든 최신 정보를 다루어야 좋고, 소외되지 않으려고 유행에 보조를 맞춰야 한다는 암묵적 강박이 있는 것 같다. 며칠 소비되고 말 글만 쓰면서 인생을 허비할 순 없지 않은가. 아래는 내가 2005년에 쓴 「미디어오늘」 연재 기사의 일부다.

> 2003년부터 국내에 블로그가 널리 보급되면서 블로그에 올린 글을 가리키는 말인 포스트와 글 올리는 일을 가리키는 포스팅이란 말이 자주 쓰이게 됐다. 이건 쓸데없는 표현이다. '글'이나 '글쓰기'라고 써도 충분하다. 굳이 새로운 표현을 만들어 쓸 이유가 없다.

2005년 당시 유행어처럼 널리 쓰이던 '포스트'와 '포스팅'이라는 표현은 이제 사용 범위가 줄어들어 거의 쓰이지 않는다. 유행이 지난 것이다. 새로운 외국어 표현이 한국어 환경에 받아들여지려면 한국어로 표현하기 어려운 뜻과 맥락을 담아야 한다. 그러면 한국어의 일부로 정착한다. 예를 들어 '블로그'는 새로운 뜻을 지닌 말이라 기존 한국어 표현으로 대체하기 곤란하므로 신조어로 받아들이면 된다. 이미 쓰고 있는 말을 활용해 '전자 일지'라고 표현하든지 억지로 말을 만들어 '웹일기'라고 쓰자고 주장하면 억지스럽다. '누리그물'이라는 표현이 인터넷을 대체하지 못하는 까닭도 여기에 있다. '네티즌'이나 '네티켓'이라는 말은 굳이 받아들일 까닭이 없다. 인터넷만 새로운 개념이지, 그 사용자나 지켜야 할 예절까지 새 개념은 아니기 때문이다. 네티즌은 '인터넷 사용자'라 쓰면 되고, 네티켓은 '인터넷 예절'이라고 쓰면 된다. 이미 쓰는 말로 새로운 개념을 설명하려는 태도는 좋다. 그렇지만 억지스러워서는 안 된다. 되도록 고유어로 표현하사는 취지는 좋으나, 네티즌을 누리꾼이라고 표현하자는 주장은 억지스럽다. '누리'는 세상을 뜻하고 '꾼'은 어떤 일에 능숙한 사람을 뜻하는데, 원뜻을 잘 담지 못했으므로 이 말은 표현들 간의 경쟁에서 살아남기 어렵다. 네티즌이라는 말을 애초 '인터넷 사용자'라고 쓰면 구태여 순화할 필요도 없을 것이다.

매체별 글쓰기 전략

트위터에서 '2044년까지 꼭 살아야 하는 이유'라고 시작하는 글(@0815josse)을 읽었다.

10월 1일 토요일, 10월 2일 일요일

10월 3일 개천절, 10월 4일 추석 연휴

10월 5일 추석, 10월 6일 추석 연휴

10월 7일 추석 연휴, 10월 8일 토요일

10월 9일 일요일

독자를 즐겁게 하려고 썼을 이 짧은 글에 글쓰기의 미덕

하나가 포함돼 있다. 추측하며 쓴 것이 아니라 적어도 30년
치 달력을 다 검토했다. 사실에서 의견을 도출하는 건 권장
할 만한 글쓰기 태도다. 추정이나 직관으로 의견을 표현하는
건 권할 만한 방법이 아니다. 글쓴이의 의도가 나쁘지 않다
하더라도 그러한 정보는 자칫하면 왜곡되어 오해를 빚기 십
상이다. 디지털 매체와 네트워크에 퍼지는 나쁜 글은 대체로
다음 기준에 부합한다.

- 근거 없이 추측하거나 전망함
- 원래 내용을 과장하거나 왜곡함
- 편협한 관점을 표출함

여기서 거론한 모든 문제는 출처가 없거나 불분명한 정보
에서 비롯한다. 출처가 분명하지 않은 자료는 원래 맥락과 동
떨어진 채 주관적으로 소비되기 십상이며 온갖 오해를 일으
키기 때문이다. 내가 제안하는 기준은 단순하다. "출처가 정
확한 자료만 믿어라." 출처와 정보원을 밝힌 글은 미더운데
그런 글이 썩 많진 않다. 다음에서 2번 문장이 왜 1번 문장
보다 더 나은지 함께 비교해 보라.

1) 얼마 전 미국의 어느 언론에서 실시한 '꿈의 직장' 설문조사에서 '구글'이 1위에 올랐다.

2) 「월스트리트저널」은 미국에서 일하는 1~8년차 직장인을 대상으로 '꿈의 직장'에 관한 설문(What's your dream company?)을 실시했는데 2011년 11월 14일자 인터넷판에 이 결과를 발표했다. 응답자의 19.67퍼센트가 선택한 '구글'이 1위를 차지했다.

1) 어느 시인이 말했듯 4월은 정말 잔인한 달이다.

2) 시인 T. S. 엘리어트가 『황무지』에 적었듯, 4월은 무척 잔인한 달이다.

2번처럼 출처가 뚜렷한 글을 읽은 독자는 그 글을 디딤돌 삼아 믿을 만한 정보, 좋은 필자를 스스로 찾아 나선다. 좋지 않은 글은 독자를 혼란에 빠뜨리거나 거짓 정보를 전파하도록 만든다. 신뢰는 정확한 출처 기록에서 나온다. 어떤 현상을 관찰하고 메모를 남길 때는 출처를 기록해 두어야 나중에 근거 자료로 활용할 만한 가치가 생긴다. 2012년 5월 1일에 작성된 다음 두 글을 비교해 보라.

1) "광화문 기자실 창 너머 망치질 하는 사람이 보인다. 베를린, 시애틀 등에 이어 7번째 서울에 세워진 이 설치 미술은 도시 속 노동의 고단함과 존엄성을 상징. 다른 나라에선 5월 1일 하루 쉰다지만, 광화문 그는 오늘도 망치질. 이게 바로 우리의 노동 현실"

2) "씨네큐브 있는 흥국생명 빌딩 앞에 '해머링 맨' 있잖아. 언젠가 그 양반이 망치질을 딱 멈췄길래 의아했는데 생각해보니 그날이 노동절이었지. 짜릿했다."

둘 중 하나는 본 대로 적었고, 하나는 생각나는 대로 적었다. 1번 글은 믿을 만하지만, 2번 글은 미심쩍다. 2번 글이 사실과 부합한다 해도 예전에 벌어진 일을 현재의 기억에 의존해서 남기는 건 독자에게 믿음을 주기가 어렵다. 망치질을 멈춘 게 몇 년도 노동절인지 메모를 남겨 두고, 그 자료를 근거로 시간이 한참 지나 글을 쓴다면 신뢰도가 높아질 것이다.

내용을 먼저 작성한 다음 알맞은 도구와 형식을 택하라

저작 도구가 워낙 다양하다 보니 도구 성격에 맞게 글을 쓰고 자료를 공개하는 것도 기술과 교양의 덕목이 되었다. 문자 메시지를 열어 내용을 적다가 이것저것 첨부할 내용이 떠올라 이메일로 글쓰기 도구를 바꿀 때가 있다. 자신이 쓴 긴 글을 140자씩 끊어서 도배하다시피 트위터에 올리는 사람이 있는데, 긴 글을 싣기에는 트위터보다 블로그가 어울릴 것이다. 도구마다 어울리는 역할이 따로 있다. 디지털 매체를 먼저 선택하고 글을 작성하는 순서보다, 글을 먼저 구상하고 초안을 작성해 본 다음 적합한 전달 매체를 택하는 순서가 더 적절할 듯하다. 밤 11시에 저자에게 5분 내로 답변을 받아야 할 일이 생겼을 때 출판사 편집자는 아래 보기 중 어떤 연락 도구를 사용하여 어떻게 물어보아야 할까?

보기) 팩시밀리, 페이스북 쪽지, 트위터 쪽지, 트위터 멘션, 블로그 댓글, 이메일, 카카오톡, 문자 메시지, 휴대전화, 화상 통화

일단 이메일을 보내 놓고 이메일을 보냈다고 카톡과 문자 메시지를 보낸 다음, 3분 내로 답변이 없으면 휴대전화로 연

락을 해야 할까? 아니다. 그냥 전화를 먼저 거는 게 답이다.
그러자고 전화라는 도구를 쓰는 거 아닌가?

　'맘스홀릭'은 육아 정보를 공유하는 인터넷 카페 중에서
회원 수가 가장 많은 곳이다. 국내 최대 육아 동호회답게
정보도 많다. 그런데 여기서 오가는 질문 답변 중에는 의
료 분야에 관련된 것들이 꽤 된다. 더 놀라운 건 1분 1초가
아까울 응급 상황에서 게시판에 조언을 구하는 엄마들이
적지 않다는 점이다. 인터넷 카페는 열이 40도를 넘은 아기
와 식탁에서 떨어져 바닥에 머리를 세게 찧은 아기에게 해
줄 수 있는 게 아무것도 없다. 인터넷 카페라는 디지털 매
체는 그럴 때 쓰라고 만든 게 아니다.

위 내용은 내가 쓴 글이 아니라 수강생이었던 황영훈 씨
가 제출한 과제 내용을 요약한 것이다. 착상이 좋고 정보가
구체적이라 다른 사람들도 읽으면 좋을 것 같아 언론 매체에
투고하라고 권했다. 이 글은 '육아 응급 의료, 포털 카페 대신
1339'라는 제목으로 「경향신문」에 실렸다.
　두루뭉술하게 서술하거나 문제의식에 머물지 말고 논의
범위를 좁혀서 구체적인 실천 방안을 담아 주제로 집약하라.
병리 증상에 대해 인터넷에서 비전문가들이 처방을 내리는

건 위험하지 않을까, 하며 의견을 표현하는 건 문제 의식이지 아직 주제는 아니다. "아이가 다치거나 이상 증세를 보이면 1339(119로 통합됨)에 전화해 전문 의료인과 상담하자." 이것이 주제다. 논의 범위를 좁혀라.

2011년 9월 1일에 국립국어원에서 새로 추가된 표준어 목록을 발표했다. '간질이다' 외에 '간지럽히다'가 복수 표준어로 인정된 것을 비롯해 그동안 비표준어였던 '맨날' '복숭아뼈' '쌉싸름하다' '허접쓰레기' '개발새발' 등 모두 39개 단어가 표준어에 등재되었다. 거의 모든 매체에서 이 소식을 다루었는데 유독 한 단어에 관심이 집중되었다. 그 단어는 '짜장면'이었다.

드디어, 짜장면도 표준어 됐다 - 「동아일보」

'짜장면' 표준어 됐다. "실제 언어생활 반영" - 「서울방송」

짜장면 표준어 등극, 데니안 "어머님은 짜장면이 싫다고 하셨어" - 「한국경제」

국립국어원 홈페이지 게시판에 올라가 있는 다른 공지사항의 조회 수가 수백 회 정도에 그친 반면, 짜장면 표준어 공지는 4만 5천 회를 넘었다. 2011년 9월 1일의 점심과 저녁 식사 대화 소재는 단연 짜장면 아니었을까? 게시판 조회 수를 급증시킨 비결은 바로 논의 범위를 좁혔다는 점이다.

판단하기 전에 묻고 확인하라

2005년에 연세대학교에서 열린 인터넷 문화 세미나에 토론자로 참여한 적이 있다. 그때 사회자가 내게 물었다. "블로그는 네티즌을 사사화시키는 경향이 있지 않습니까?" 그런데 '사사화'란 단어는 처음 듣는 말이었다. 하지만 물어보면 체면이 깎일까봐 대충 짐작하며 답변했다. 무슨 말을 지껄였는지 도무지 기억나지 않는다. "사사화란 말이 무슨 뜻인지 설명 좀 해주세요." 이랬다면 나와 같은 처지에 있는 청중에게 도움이 됐을 것이다.

'사사화(私事化)'란 공적인 영역에서 다루어야 할 문제를 모두 개인의 취향 문제로 치부하는 것을 일컫는다. 궁금하거나 미심쩍으면 인생을 일시 정지하고 물어보자. "음악의 아버지는 바흐고, 음악의 어머니는 헨델이잖아요. 둘이 부부예요?" 지식이 성장하려면 창피함이라는 벗과 친하게 지낼 수밖에 없다. 읽기쓰기 능력도 그와 더불어 발전한다.

게시판, 인터넷 카페, 지식 검색, 블로그, SNS 등은 의견을 듣거나 원하는 정보를 취합하기 좋은 사용 환경을 갖추고 있다. 사소해 보이든 그렇지 않든, 궁금한 점이 생겼을 때 물으면 네트워크 저편에서 신기하게도 응답이 온다. 사람에겐 알고자 하는 욕구만큼이나 가르쳐 주고자 하는 욕구도 강하기 때문이며, 디지털 도구가 그 욕구를 표출하기 좋게 도와주기 때문이다. 대담 내용의 질이 대담자의 수준을 넘지 않듯 답변의 질은 질문자의 수준에 달려 있다. 두 표현을 비교하며 뭐가 맞는지 확인하려던 어떤 이가 국립국어원 트위터에 "하마터면과 하마트면 중에 뭐가 맞아여?"라고 물어보는 걸 본 적 있다. 이건 기본이 안 된 태도다. '맞나여'라고 쓴 것도 잘못이지만, 국어사전을 찾아보면 스스로 쉽게 알 수 있는 내용이기 때문이다. 묻기 전에 스스로 해결할 수 있는지 따져보는 게 좋다. 막연하게 '무엇이냐'고 묻지 말고, 스스로 규정해 본 의견이 맞는지 틀리는지 확인하는 태도가 더 낫다. 찾아볼 만큼 찾아보고 벽에 부딪쳤을 때 물으면 더 나은 답변을 얻을 수 있으며, 찾는 과정에서 자기 수준을 확인할 수 있으므로 유익하다. 더 뚜렷하게 각인되기 때문이다. 문제 제기를 잘 하는 것도 읽기쓰기 환경을 풍요롭게 하는 데 도움이 된다. 트위터에서 오간 대화 사례를 소개한다.

'조세 피난'이 아니고 '조세 도피'라고 해야 하고. '반값 등록금'이 아니고 '등록금 정상화'라고 해야 한다. '조세 피난'이란 말이 자꾸 귀에 거슬린다.

– @libraryAhn

한국방송 라디오에는 '조세 회피처'라고 나오더군요.

– @readmefile

'조세 피난처'와 '조세 회피처'란 용어가 함께 쓰이고 있는데 조세 회피처란 말이 더 나을 것 같네요. 회피란 말은 세금 안 내고 도망갔다는 뜻 아니겠어요.

– @KwonYoungGhil

다음 지식 검색에 질문이 올라왔다. "운전 중에 휴대폰 사용, 그렇게 위험한가요?" 그러자 다음과 같은 답변이 달렸다.

삼성교통안전문화연구소가 발표한 자료에 따르면 휴대전화를 사용하면서 운전(40km/h) 시 정지거리는 45.2m로, 혈중 알코올 농도 0.05%의 음주 운전 상태의 정지거리 18.6m에 비해 무려 26.6m나 긴 것으로 나타났다. 캐나다 연구진은 운전 중에 휴대폰을 사용함으로써 발생하는 교통사고 발생 확률이 혈중 알코올 농도 0.1% 상태에서 운전할 때와 비슷한 수준이라는 연구 결과를 내놓았다. 독일 연구진은 통화를 하며 운전하면 정상 운전자에 비해 핸들 조작 실수와 급브레이크, 신호 위반, 차선 위반 등 안전 수칙을 위반할 확률이 30배나 높아진다고 분석했다. 실제 혈중 알코올 농도 0.1% 상태로 시속 40㎞로 달리다가 적신호가 켜진 때부터 정지했을 때까지 거리를 재 본 결과, 정상 운전은 19.1m인 반면 통화 시엔 23.7m, 음주 운전 시엔 24.3m였다. 다른 조사에서는 휴대폰을 사용하는 20세 운전자의 반응 속도가 휴대폰을 사용하지 않는 70세 노인의 반응 속도와 비슷했다고 한다.

- coree천사

좋은 글에는 주관적 감정 표현이 별로 드러나지 않는다. 신뢰도를 높이는 데 도움이 안 되기 때문이다. 그 대신 객관적인 근거 자료 안에 그 주장이 다 들어 있다. 질문을 올렸던 사람이 이 답변에 댓글을 남겼다. "우와, 정말 최고의 답변입니다." 답변 형식의 모범이 될 만한 이 글에 '캐나다의 한 연구진'과 '독일 연구진' '다른 조사'의 출처를 찾아 보완하면 신뢰도는 더 높아질 것이다.

문서의 신뢰도 높이기

독자나 관객을 위한답시고 정보를 과장하거나 왜곡하는 경우가 더러 있다. 그런 악의 없는 습관이 악의적 왜곡이 일어나는 환경의 토양이 된다. 이것을 서로 지적하고 바로잡는 건 공공재로서 디지털 네트워크를 건강하게 유지하는 사용자의 덕목이다. 나는 자료를 읽다가 찜찜하거나 의심스러운 대목이 나오면 글 쓴 사람에게 물어본다. 편집 과정에서 일어난 실수나 잘못처럼 보이면 출판사 편집부에 신고한다. 책을 읽다가 멕시코 화가 프리다 칼로(Frida Kahlo)의 이야기가 눈에 띄었다. 정보의 출처를 찾아보니 교육방송에서 방영한 〈지식채널e〉의 한 대목이었다. 책은 이 방송 내용을 엮은 것인데

뭔가 미심쩍었다. 방송으로 본 것과 다른 것이 발견됐기 때문이다.

> 책: "나는 울고 싶을 때는 우는 대신 울고 싶은 내 모습을 그렸다." - 프리다 칼로
>
> 방송: "프리다는 울고 싶을 때는 우는 대신 울고 싶은 자기 모습을 그렸어요." - 조나단 윈터(프리다의 동료 화가)

나는 동료의 말이 프리다의 말로 둔갑한 이유가 궁금했다. 편집부에 이메일을 보냈다. "원본 영상과 내용이 조금 다른데 그 이유를 알고 싶습니다." 며칠 후에 편집부에서 답장이 왔다. "죄송합니다. 저희 착오입니다. 다음 쇄에 바로잡겠습니다." 조금 더 극적으로 전달하려는 욕심이 과하여 빚어진 잘못인 것 같다. 그렇지만 바로잡겠다는 태도를 갖추고 바로 실천하면 정보는 더 이상 과장되어 전파되지 않을 것이며 말썽도 일어나지 않을 것이다.

배우 오드리 토투(Audrey Tautou)가 출연한 영화 『아멜리에』 속편인 『아멜리에2』가 나왔기에 살펴보니 감독도 다르고 내용도 전작과 별로 관계가 없었다. 오드리 토투의 인기를 활용해 관객을 속이려는 속셈으로 우리나라 배급사가 일부러 제목을 바꾸었다. 이 둘은 전혀 다른 영화인데다 심지어 작

품 발표일은 〈아멜리에2〉가 앞선다.

인터넷 자료의 출처는 인터넷으로 먼저 확인하자

단국대 의과대학 교수인 서민은 기생충에 관한 온라인 소설 한 편을 연재했다. 기생충을 이용해 다이어트를 하다 죽은 여대생의 이야기를 소설로 구성했다. 이 소설 속에는 죽음의 원인을 규명하려고 탐정이 동서울터미널에서 버스를 타고 남원으로 간다는 내용이 있는데 이 원고가 실린 웹페이지에 이런 댓글이 달렸다. "제가 남원 사는데요, 그 시간에는 남원 가는 버스가 없습니다." 저자는 당시에 '뭐 이런 스토커 같은 인간이 있나?'하며 짜증을 냈는데 시간이 흘러 돌아보니 실제 정보를 구체적으로 조사하지 않은 자신을 반성하게 됐다고 한다. 전화나 인터넷으로 버스 시간을 충분히 확인할 수 있는데도 귀찮아 생략한 자신의 불성실함을 되레 꾸짖었다고 한다.

1998년 무렵 인터넷 토론방에서 작은 논쟁이 벌어졌다. "훈민정음에 '나라의 말이 중국과 달라 문자와 서로 통하지 않는다'는 구절이 있다. 중국이라는 나라 이름은 청이 무너진 신해혁명 이후에나 사용된 것이고, 당시 중국의 이름은 '명'인데 왜 조선 임금이 훈민정음에 중국이라는 말을 썼을까?" 이게 논쟁의 발단이었다. 여러 의견이 오갔으나 모두 의견일 뿐이었으니 논쟁은 흐지부지 중심을 잃고 표류했다. 그러다가 한 참여자의 한마디로 논의가 싱겁게 종결되었다. "훈민정음 언해본에 '중국은 황제 계신 나라이며 우리나라에서는 강남이라 부른다'는 설명이 붙어 있습니다."

누구든 마음만 먹으면 한글 설명이 달린 언해본을 쉽게 구할 수 있다. 출처를 먼저 확인하려는 태도를 갖추면 소모적인 논쟁을 줄일 수 있을 것이다. 여기서 중국은 나라 이름이 아니라 제국의 중심인 중앙정부를 가리키는 표현이다. 나는 논의를 지켜보며 '나라 국(國)'이 한 국가를 가리키는 것뿐 아니라 한 지역이나 지방을 뜻하기도 한다는 정보를 얻었다. 한 트위터 사용자(@miritrovai)가 셰익스피어 작품의 출처를 잘 밝혀서 한 대목을 인용했다.

"광인이 맹인을 이끄는 시대는 정말 병든 거지."
— 셰익스피어, 『리어왕』 4막 1장에서 글로스터

내가 갖고 있는 책으로 『리어왕』 4막 1장을 펴 보니 셋째 쪽에 그 대사가 나왔다. 저 인용문은 제 역할을 충실히 수행했다. 판본은 다를지 모르지만 독자로 하여금 인용자가 찾은 것과 같은 내용을 볼 수 있게끔 도와주었기 때문이다. 자신이 읽는 번역본이 권할 만하다면 판본 정보까지 표기하는 게 더 좋다. 자료 종류에 따라 어떻게 달리 인용하는지 예와 함께 살펴보자. 원칙은 모두 같다. '인용 출처만 보고서도 독자가 원문 자료를 쉽게 찾을 수 있도록 도와줄 것.'

• 인터넷 자료 인용(링크)

> 시(視)는 눈의 감각이 사물에 닿는 행위다. 그에 비해 견(見)은 그에 따른 결과, 말하자면 눈으로 본 현상과 사물이 머리로 인식되는 과정에 이름을 말한다. 그래서 나온 성어가 시이불견(視而不見)이다. 사물을 눈으로 보되 그 자체에서 그치는 상태. 생각이 따라주질 않으니 보지 않은 것과 같은 셈이다.
> – 유광종 기자 홈페이지, "한자로 보는 세상: 視聽과 見聞"

• 라디오 방송자료 인용

> "한국의 전통 담장 높이는 사람의 눈높이입니다. 그냥 보면 안이 보이지 않지만 까치발을 들면 보이는 높이죠."
> – 명지대학교 건축학부 교수 김왕직, 한국방송 라디오, 〈신성원의 문화 읽기〉, 2012. 10. 31.

- 방송 프로그램 인용

제작진: 황태가 지겹지는 않으세요?

김순녀(용대리에서 황태 덕장을 운영하는 이종남 씨 모친): 황태로 먹고 사는데 황태가 지겹다고 말하면 안 돼요.

- 한국방송, 〈한국인의 밥상〉 102회,
"명태가 산으로 간 까닭은?", 2013. 1. 3.

- 다큐멘터리 인용

한 나라가 다른 나라에게 또 다른 나라의 땅을 주겠다고 한 건 애초 실현 불가능한 약속이었다.

- BBC(제작), 교육방송 다큐멘터리,
〈이스라엘의 탄생〉, 2011. 2. 26.

영상자료의 한 장면을 인용할 때는 시간 정보를 넣는 게 좋을 때도 있고, 안 넣는 게 좋을 수도 있다. 앞부분을 보지 않고 해당 장면만 보는 게 오해를 불러일으킬 것 같으면 넣지 말고, 별 문제가 없다고 판단하면 몇 분 정도에 그 대목이 나오는지 적어 두자.

· 정기간행물 인용

'공인인증서'라는 낡고 허술한 기술을 지난 13년간 강제해 오면서 유저들에게 보안경고창이 뜨면 반드시 '예'를 누르라고 끈질기게 세뇌해 온 것은 분명히 잘못된 것이다. 자신이 이해하지 못하는 프로그램을 함부로 설치하는 위험천만한 행위를 대수롭지 않게 여기도록 온 국민의 컴퓨터 사용 습관을 정부가 앞장서서 위험하게 만들고 나면 어떠한 보안 해법도 소용이 없어진다.

　　　　　　　　- 김기창(고려대 법대 교수, 오픈넷 이사),

　　　　　　　　"한국의 IT 보안은 새 출발이 필요하다",

　　　　　　　　　　　월간 「인물과 사상」 2013년 5월호

· 오프라인 강연 인용

"부채는 자산으로 잡힙니다. 공기업의 부채가 늘었지만 자산도 함께 늘었으니 괜찮다는 정부의 발표를 언론은 그대로 보도합니다. 이것을 지적하는 언론은 별로 없어요. 이런 한심한 정보 환경 속에 우리는 살아갑니다."

　　　　　　　　　　　　- 선대인(경제 평론가),

　　　전국교직원노동조합 고양 지부 주최 특강, 2012. 10. 30.

- 대담(인터뷰) 인용

> "착하게 사는 게 좋을 걸, 제 판화엔 이런 얘기를 담아요. 그게 족쇄가 돼 막 살지를 못 해요. 작품이 저를 지켜주는 거죠."
>
> — 판화가 이철수, 「중앙일보」, 2011. 6. 30. E18면

자, 지금까지 검토한 출처 표기 방식을 염두에 두면서 다음과 같은 출처 표기가 적절한지 부적절한지 판정해 보라.

> 국가권력의 시장개입을 비판하고, 시장의 기능과 민간의 자유로운 활동을 중시하는 이론으로 1970년대부터 케인스 이론을 도입한 수정자본주의의 실패를 지적하고, 경제적 자유방임주의를 주장하면서 본격적으로 대두되었다.
>
> — 네이버 검색 '신자유주의'

이런 출처 표기는 적절하지 않다. 검색 결과는 변하기 마련이므로 인용자가 찾은 자료를 독자가 쉽게 찾지 못할 수 있어 그렇다. 구글에서 대공황 당시 사진 한 장을 찾아 인용한 다음, '출처: 구글 이미지 검색'이라고 적는 것도 충분치 않다.

링크 표기보다 중요한 제목 표기

인터넷 자료 출처를 정확히 표기하고자 하는 이들에게는 이른바 '퍼머 링크(영구적인 고정 인터넷 주소)'에 대한 환상이 있다. 그런데 그건 이상이자 이론일 뿐이며 현실에선 그렇지 않다. 나는 2004년 무렵에 여러 매체에 퍼머 링크의 필요성에 대해 칼럼을 썼다. 운영자는 되도록 자기 문서의 주소를 동일하게 유지해야 하고, 인용자는 원문 링크를 정확하게 표기하자고 촉구했다. 그런데 데이터를 날려먹거나 홈페이지를 갈아엎거나 블로그 프로그램을 바꾸며 문서 주소를 어쩔 수 없이 바꾸다 보니 칼럼에 적은 약속을 스스로 깨 버린 꼴이 되고 말았다. 예를 들어 2005년 홈페이지에 수록한 글인 '헤겔 정신현상학 서문 요약'의 주소도 그 뒤 여러 번 바뀌었다.

2005년 : http://readme.or.kr/hegel_vorrede.html

2007년 : http://readmefile.net/blog/archives/cat_acoeoc_aa.html

2013년 : http://readme.kr/?page_id=2217

예전에 영구적인 주소로 삼을 거라며 설정했던 건 이제 쓸모가 없어졌다. 그렇다고 최근 주소가 앞으로도 오래 유지될

거라는 보장도 없다. 사용자들이 해당 자료를 더 쉽게 찾도록 하려면 출처를 어떻게 표기하는 것이 합리적일까? 운영자인 내가 제안하는 웹 문서의 출처 표기 방법은 이렇다.

교양은 충실한 생활의 진지함에 자리를 내준다. 즉, 충실하게 경험을 쌓는 엄연한 생활 세계가 교양의 우선 대상이다.
– '헤겔 정신현상학 서문 요약',
리드미파일(http://readme.kr)

링크는 깨지기 쉬운 반면 제목은 잘 바뀌지 않는다. 오프라인 자료에 출처를 적을 때는 위와 같이 표기하면 되고, 온라인에서 출처를 적을 때는 글 제목에 링크만 달아주면 된다. 가령 구글에서 문서 제목을 입력하면 해당 문서가 바로 뜬다. 자료 사용자가 브라우저에 주소를 입력하고 홈페이지에 가더라도 상단 메뉴 중에 '요약·번역' 항목만 누르면 해당 문서 제목을 쉽게 찾을 수 있다. 웹페이지 주소를 정확히 기록하는 건 좋은 태도지만, 그렇다 해서 퍼머 링크를 고집할 것까지는 없을 것 같다.

인터넷 저작 도구를 사용하여 다른 인터넷 자료를 인용할 때는 일일이 주소를 다 입력하지 않고서도 링크만 걸면 해결되므로 따로 홈페이지 이름이나 주소나 글 제목을 노출하지 않는 경향이 많은데, 내가 경험한 바로는 퍼머 링크보다 홈페이지 이름과 글 제목이 더 중요하다. 퍼머 링크는 깨지기 쉽지만 홈페이지 이름과 글 제목은 주소가 바뀌어도 대체로 온전하게 유지된다. 인터넷 자료를 오프라인 자료에서 언급하거나 인용처를 밝힐 때는 다른 문제가 생긴다. 링크를 누를 수 없기 때문이다. 단행본 문서의 각주나 미주의 참고 문헌란에는 종종 온갖 특수기호가 들어간 긴 인터넷 주소가 수록돼 있다. 문서 주소 하나가 서너 줄이나 되는 경우도 있는데 과연 그 주소를 일일이 입력해 그 자료에 접근하는 사람이 있기나 한 걸까? 설사 그런 사람이 있다 해도 그건 좋은 표기 방식이 아니다. 독자로 하여금 오타를 유발시키고 쓸데없이 수고를 강요해선 안 된다. 한국어 위키백과에서 플라톤의 '이데아론'을 설명하는 화면의 주소는 아래와 같다.

http://ko.wikipedia.org/wiki/%EC%9D%B4%EB%8D%B0%EC%95%84%EB%A1%A0

이 주소를 종이 매체에 그대로 옮겨놓는 건 효용이 무척 낮을 것이다. 브라우저 주소창에 이 글자들을 제대로 옮겨 입력하려면 어지간한 참을성 갖고는 안 될 것 같다. 다음과 같이 적으면 어떨까?

한국어 위키백과(ko.wikipedia.org), '이데아론'

검색 사이트에서 '신자유주의'라고 입력하면 수시로 변하는 목록이 나오지만, 위키백과에서 '이데아론'을 검색하면 문서 하나만 나오기 때문에 출처 표기 형식으로 무난하다.

암호 같은 길고 긴 웹 주소 대신 해당 홈페이지 이름과 주소만 간략히 적고 나서 이와 더불어 큐알(QR) 코드를 제공하는 단행본을 보았는데 보기에도 좋고 사용하기에도 편리했다. 가령 책에 실린 흑백 사진의 원본 컬러 사진을 연결해 준다거나 책에 인용된 영상 갈무리 화면의 원본으로 연결해 준다.

예를 들면 단행본 출판물인 『측정의 역사』는 본문 내용을 보충하는 글상자 안에 큐알 코드를 기록해 독자가 사진 자

아날로그 매체와 디지털 매체를 연결해 주는 큐알 코드

료 등을 디지털 기기로 볼 수 있도록 배려했다. 아울러 책 뒷부분에, 참조한 웹사이트의 대분류 주소도 따로 표기했다.

출처를 따져 묻는 습관은 네트워크에 소문 대신 정보가 퍼지도록 만들며, 의견 대신 지식이 전파되도록 만든다. 출처를 깐깐하게 기록하는 태도는 생각과 행동, 주장과 근거, 이론과 실천을 연결 짓는 구체적인 방법이다. 형식과 내용은 결국 같은 목적 아래에 있기 때문에 서로 돕는다. 형식을 잘 갖추면 내용이 잘 전달되며, 내용을 잘 갖추어 놓으면 형식을 고르는 데 신중하게 된다.

출처를 정확히 기록한다는 건 글을 쓸 때 다른 사람이 쓴 자료를 인용한다는 말인데, 인용할 만한 자료가 인터넷에 없으면 어떻게 할까? 플라톤의 『국가』를 공부하면서 나보다 앞서 이 책을 읽은 사람 중에 누군가 요약문을 올려놓지 않았을까 싶어 자주 검색해 봤는데 썩 좋은 자료를 찾지 못해 아쉬웠다. 그러다가 내가 아예 하나 만들겠다고 생각을 바꿨다. 매주 조금씩 읽어가며 블로그에 요약문을 올렸다. 1년 반 만에 『국가』 요약본을 완결했다. 구글에서 '플라톤 국가 요약'을 검색하면 첫 화면에 내 요약문도 뜬다. 다른 사람 읽으라고 만든 게 아니라 내가 더 잘 이해하려고 만든 자료이지만, 이 책을 처음 읽는 어떤 이에게는 길잡이의 하나가 될 수 있을 것이다. 찾고자 하는 자료가 인터넷에 없으면 당신이 하나 만들어 올리면 어떨까? 그러면 당신이 그 분야의 개척자가 되고, 그 자료를 본 사람들의 비판과 제안이 뒤따를 것이며, 디지털 시대의 읽기쓰기 환경은 더 풍요로워질 것이다.

나는 정보도 얻고 짬짬이 영어 공부도 하려고 「타임」과 「내셔널 지오그래픽」 트위터를 '팔로잉'했다. 공부하는 김에 쉬엄쉬엄 일본어 단어도 익힐 겸 '일본어봇' 트위터도 구독했다. 일주일 정도 흘렀다. 공부커녕 다른 트위터 읽는 데 방해만 되더라. 생각과 실제는 이렇게 다르다. 이론과 실천 사이의 틈은 그렇게 사소한 것에서 벌어진다. 그 괴리를 줄이는 노력이 좋은 결과를 얻으면 거창하게 표현해 '지행합일(知行合一)'이라 부를 수 있고, 단순하게 표현하면 '한결같다'고 부를 수도 있을 것이다. 사소한 다짐을 줄이되 작은 실천을 늘리는 일, 오해라는 급류에 휘말리지 않고 디지털 네트워크라는 강을 무사히 건너는 지혜다.

방문했을 때 배경음악이 우렁차게 흘러나오는 웹사이트가 있다. 운영자 마음이니 그렇다 쳐도 난 그런 곳이 무척 불편하다. 좋은 음악이니까 너도 들으라고 강요하는 것 같아 싫고, 배경음악을 웹사이트 열람의 의무 통과점으로 설정한 의도도 마음에 들지 않는다. 다음과 같이 꼭 단서를 달고 말하는 사람이 있다. "원래 제가 책 소개를 신중하게 하는 편인데, 이번에는 적극적으로 소개하고 싶어요." 나는 이 사람을 대체로 안 믿는다. 핑계를 만들거나 빠져나갈 구석을 늘 마련하는 어중간한 사람이라는 점이 문장 형식에 그대로 드러난다. "노래 들으며 이렇게 감동한 건 난생 처음이다"라고 쓴 사람의 글도 안 믿는다. 감정이 죽 끓듯 변하는 사람일 것이다. '~라는 소식에 누리꾼들은'이라는 구절이 들어간 기사는 웬만하면 읽지 않는다. 출처 없이 기자가 커피숍에서 창작한 글일 확률이 높다. 잘못된 표현 형식에 좋은 내용이 들어갈 일도 없거니와 설사 들어간다 해도 독자에게 제대로 전달되지도 않는다.

나는 익명이나 가명이 필요한 글쓰기 환경을 만들지 않으려 애쓴다. 10년 넘게 쓰던 아이디인 '리드미(readme)'도 로그인 화면에서나 쓰지, 글 작성자 이름으로는 좀체 사용하지 않는다. 되도록 '이강룡'이라는 실명을 쓴다. 인터넷이 사이버 공간이 아니듯 디지털 정체성이 따로 있는 게 아니기 때문이다.

블로그나 SNS에서 대한민국의 기형적 유통 구조와 배송 속도 경쟁을 비판하면서 정작 자신은 오전에 주문한 제품을 오후에 가져다 주는 '총알' 배송 서비스를 이용한다면 온라인과 오프라인의 정체성이 쪼개질 것이다. 이 상태를 쉽게 표현하면 정신분열이다. 온라인의 자기 모습과 오프라인의 자기 모습이 다를수록 좋은 글을 쓸 확률은 낮아진다. 자아정체성을 '자기동일성'이라고 부르는 까닭이 여기에 있다.

지행합일은 고리타분한 옛 사람들의 덕목이 아니라 디지털 시대를 사는 현대인에게 필요한 실용 '매뉴얼' 첫 장에 나와야 할 항목이다. 지행합일에 이르는 데는 여러 지혜와 효과적인 정보가 있을 것이다. 내가 이 책에서 제안한 방법은 두 가지다. 출처를 정확히 표기하자. 그 일을 한결같이 하자.

참고문헌

강유원,『역사 고전 강의』, 라티오, 2012.

나탈리 골드버그, 권진욱 옮김,『뼛속까지 내려가서 써라』, 한문화, 2013.

니콜라스 카, 최지향 옮김,『생각하지 않는 사람들』, 청림출판, 2011.

데이비드 와인버거, 신현승 옮김,『인터넷은 휴머니즘이다』, 명진출판, 2003.

로버트 P. 크리스, 노승영 옮김,『측정의 역사』, 에이도스, 2012.

롤프-베른하르트 에시히, 배수아 옮심,『글쓰기의 기쁨』, 주니어김영사, 2010.

브루노 라투르 등, 홍성욱 엮음,『인간, 사물, 동맹』, 이음, 2010.

에른스트 카시러, 최명관 옮김,『인간이란 무엇인가』, 창, 2008.

이정국,『구로사와 아키라의 영화세계』, 서해문집, 2010.

제레미 벤담, 신건수 옮김,『파놉티콘』, 책세상, 2010.

존 스타인벡, 김승욱 옮김,『분노의 포도1』, 민음사, 2012.

존 스타인벡, 김승욱 옮김,『분노의 포도2』, 민음사, 2012.

최경봉,『우리말의 탄생』, 책과함께, 2011.

플라톤, 박종현 옮김,『국가』, 서광사, 2011.

홍성욱,『파놉티콘 정보사회 정보감옥』, 책세상, 2002.

Bernard Crick, *Democracy*, Oxford University Press, 2003.

「한겨레21」제837호

「인물과 사상」2013년 4월호, 5월호

「액트온」창간호

교육방송,〈지식채널e〉, '프리다 칼로'

국립국어원(http://korean.go.kr)

뉴스페퍼민트(http://newspeppermint.com)

The Telegraph (http://www.telegraph.co.uk/technology)

디지털 시대의 글쓰기

펴낸날	초판 1쇄 2013년 11월 30일
	초판 3쇄 2017년 3월 23일

지은이	이강룡
펴낸이	심만수
펴낸곳	(주)살림출판사
출판등록	1989년 11월 1일 제9-210호

주소	경기도 파주시 광인사길 30
전화	031-955-1350 팩스 031-624-1356
홈페이지	http://www.sallimbooks.com
이메일	book@sallimbooks.com

ISBN	978-89-522-2785-0 04080
	978-89-522-0096-9 04080(세트)

376 좋은 문장 나쁜 문장 　　eBook

송준호(우석대 문예창작학과 교수)

어떻게 좋은 문장을 쓸 수 있을 것인가? 우선 좋은 문장이 무엇이고 그렇지 못한 문장은 무엇인지 알아야 할 것이다. 대학에서 글쓰기 강의를 오랫동안 해 온 저자가 수업을 통해 얻은 풍부한 사례를 바탕으로 문장교육을 제대로 받지 못한 독자들에게 좋은 문장으로 가는 길을 제시하고 있다.

051 알베르 카뮈 　　eBook

유기환(한국외대 불어과 교수)

알제리에서 태어난 프랑스인, 파리의 이방인 알베르 카뮈에 대한 충실한 입문서. 프랑스 지성계에 혜성처럼 등장한 카뮈의 목소리는 늘 찬사와 소외를 동시에 불러왔다. 그 찬사와 소외의 이유, 그리고 카뮈의 문학, 사상, 인생의 이해와, 아울러 실존주의, 마르크스주의 등 20세기를 장식한 거대담론의 이해를 돕는 책.

052 프란츠 카프카 　　eBook

편영수(전주대 독문과 교수)

난해한 글쓰기와 상상력으로 문학사에 커다란 발자취를 남긴 카프카에 관한 평전. 잠언에서 중편 소설 「변신」 그리고 장편 소설 『실종자』와 『소송』 그리고 『성』에 이르기까지 카프카의 거의 모든 작품에 대한 해석을 담고 있다. 또한 이 책은 카프카의 잠언과 노자의 핵심어인 도(道)의 연관성을 추적하는 등 새로운 관점도 보여 준다.

271 김수영, 혹은 시적 양심 　　eBook

이은정(한신대 교양학부 교수)

힘과 새로움으로 가득 차 있는 김수영의 시 세계. 그 힘과 새로움의 근원을 알아보고 지금까지와는 다른 새로운 독법으로 그의 시 세계를 살펴본다. 그와 그의 시에 대해 깊은 애정을 가진 저자는 김수영의 이해를 위한 충실한 안내자 역할을 자처한다. 김수영의 시 세계를 향해 한 발 더 들어가 보고자 하는 독자들에게 유익한 책이다.

369 도스토예프스키 `eBook`

박영은(한양대학교 HK 연구교수)

『카라마조프가의 형제들』과 『죄와 벌』로 유명한 러시아의 대문호 도스토예프스키. 그의 작품에 등장하는 생생한 인물들은 모두 그의 힘들었던 삶의 경험과 맞닿아 있다. 한 편의 소설 같은 삶을 살았으며, 삶이 곧 소설이었던 작가 도스토예프스키의 생의 한가운데 서서 그 질곡과 영광의 순간이 작품에 어떻게 드러나는지를 살펴본다.

245 사르트르 참여문학론 `eBook`

변광배(한국외대 불어과 강사)

사르트르의 『문학이란 무엇인가』에서 전개된 참여문학론을 소개하면서 억압받는 자들을 위한다는 기치를 높이 들었던 참여문학론의 의미를 성찰한다. 참여문학론의 핵심을 이루는 타자를 위한 문학은 자기 구원의 메커니즘에 문제가 생겼을 때 이 문제를 해결하고, 그 메커니즘을 보충하는 이차적이고도 보조적인 문학론이라고 말한다.

338 번역이란 무엇인가 `eBook`

이향(통역사)

번역에 대한 관심이 날로 늘어 가고 있다. 추상적이거나 어렵게 느껴지는 번역 이론서들, 그리고 쉽게 읽히지만 번역의 전체 그림을 바라보기에는 부족하게 느껴지는 후일담들 사이에 다리를 놓는 이 책은 번역의 이론과 실제를 동시에 접하여 번역의 큰 그림을 그리고자 하는 독자들에게 안성맞춤이다.

446 갈매나무의 시인, 백석 `eBook`

이숭원(서울여대 국문과 교수)

남북분단 이후 북에 남았지만, 그를 기리는 많은 이들의 노력으로 백석은 현재 우리나라에서 가장 주목받는 시인 중 한 사람이다. 이 책은 시인을 이해하는 많은 방법 중 '작품'을 통해 다가가기를 선택한 결과물이다. 음식 냄새 가득한 큰집의 정경에서부터 '흰 바람벽'이 오가던 낯선 땅 어느 골방에 이르기까지, 굳이 시인의 이력을 들춰보지 않더라도 그의 발자취가 충분히 또렷하다.

053 버지니아 울프 살아남은 여성 예술가의 초상 `eBook`

김희정(서울시립대 강의전담교수)

자신만의 독창적인 글쓰기 방식을 남기고 여성작가로 살아남는다는 것이 어떤 의미를 갖는지를 보여 준 버지니아 울프와 그녀의 작품세계에 관한 평전. 작가의 생애와 작품이 어우러지는 지점들을 추적하는 방식으로, 모더니즘 기법으로 치장된 울프의 언어 저변에 숨겨진 '여자이기에' 쉽게 동감할 수 있는 메시지들을 해명한다.

018 추리소설의 세계

정규웅(전 중앙일보 문화부장)

추리소설의 역사는 오이디푸스 이야기까지 거슬러 올라간다. 저자는 고전적 정통 기법에서부터 탐정의 시대를 지나 현대에 이르기까지 추리소설의 역사와 계보를 많은 사례를 들어 재미있게 설명하고 있다. 추리소설의 'A에서 Z까지', 누구나 그 추리의 세계로 쉽게 빠져들게 하는 책이다.

199 디지털 게임 스토리텔링 `eBook`

한혜원(이화여대 디지털미디어학부 교수)

디지털 시대의 새로운 이야기 양식을 소개한 책. 디지털 패러다임의 중심부에 게임이 있다. 이 책은 디지털 게임의 메커니즘을 이야기 진화의 한 단계로서 설명한다. 게임의 역사에 있어서 중요한 패러다임의 변화, 게임이라는 새로운 지평에서 펼쳐지는 새로운 이야기 양식에 대한 분석 등이 흥미롭게 소개된다.

326 SF의 법칙

고장원(CJ미디어 콘텐츠개발국 국장)

과학의 시대다. 소설은 물론이거니와 영화, 애니메이션, 만화, 게임 등 온갖 형태의 콘텐츠가 SF 장르에 손대고 있다. 하지만 SF 콘텐츠가 각광을 받고 있는 것에 비해 이 장르에 대한 깊이 있는 이해를 도울 만한 마땅한 가이드북이 존재하지 않는다. 이 책은 이러한 아쉬움을 채워주기 위한 작은 출발점이 될 것이다.

eBook 표시가 되어있는 도서는 전자책으로 구매가 가능합니다.

㈜살림출판사

www.sallimbooks.com

주소 경기도 파주시 문발동 522-1 | 전화 031-955-1350 | 팩스 031-955-1355